Delicii mediteraneene

Aromele și gusturile Mediteranei aduse în propria bucătărie

Sofia Lucescu

Cuprins

Salata Fiesta de Pui 9

Salată de porumb și fasole neagră 11

Super salata de paste 12

salata de ton 14

Salată de cartofi de sud 15

Salată cu șapte straturi 17

Salată de varză, quinoa și avocado cu vinaigretă de Dijon cu lămâie 19

Salata de pui 21

Salata Cobb 23

Salata de broccoli 25

Salată de căpșuni spanac 27

Salata de Pere Cu Branza Roquefort 29

Salată de fasole mexicană 31

Salata de pepene galben 33

Salata de portocale cu telina 35

Salată de broccoli prăjit 36

Salată de roșii 38

Salată de sfeclă feta 39

Salata de conopida si rosii 40

Pilaf cu crema de branza 41

Salată de vinete prăjite 43

Legume prăjite 44

Salată de rucola cu fistic 46

Risotto de orz cu parmezan 47

Salată cu fructe de mare și avocado 49
Salată mediteraneană de creveți 51
Salată de paste cu năut 52
Prăjitură mediteraneană 54
Salată de castraveți balsamici 56
Chirintele Kefta de vita cu salata de castraveti 57
Salata de pui castraveti cu pesto de patrunjel 59
Salată ușoară de rucola 61
Salată de fasole Feta Garbanzo 62
Boluri grecești cu orez brun și sălbatic 63
Salată grecească pentru cină 64
Halibut Cu Lămâie Fenicul Salată 66
Salată de pui grecească condimentată 68
Salata de cuscus grecesc 70
Omletă la cuptor din Denver 72
Tigaie pentru cârnați 74
Creveți marinați la grătar 76
Caserolă cu Ouă Cârnați 78
Pătrate de omletă la cuptor 80
Ou fiert 82
Ciuperci Cu Glazură De Sos De Soia 83
Cupcakes cu ouă 85
Ouă de dinozaur 87
Clatite Paleo cu banane cu migdale 91
Dovlecel cu ou 93
Mâncare de mic dejun cu brânză Amish 94
Salata Cu Branza Roquefort 96

Orez cu vermicelli 98

Fasole și orez 100

Fasole cu unt 102

Freekeh 103

Biluțe De Orez Prăjit Cu Sos De Roșii 104

Orez în stil spaniol 106

Dovlecel cu orez și tzatziki 108

Fasole Cannellini Cu Rozmarin Si Usturoi Aioli 110

Orez cu bijuterii 111

Risotto cu sparanghel 113

Briose cu pizza cu quinoa 115

Paine Rozmarin Nuca 117

Delicios Crabby Panini 120

Pizza și produse de patiserie perfecte 122

Margherita model mediteranean 125

Piese de picnic ambalate portabile 127

Frittata umplută cu dovlecel picant și topping de roșii 128

Pâine cu banane cu smântână 130

Pâine pita de casă 132

Sandvișuri cu turtă 134

Plato Mezze Cu Pâine Zaatar Pita Prăjită 136

Mini shawarma de pui 138

Pizza de vinete 140

Pizza mediteraneană integrală 142

Spanac & Feta Coace Pita 143

Pepene verde Feta și pizza balsamică 145

Hamburger cu condimente amestecate 146

Prosciutto - Salată verde - Sandvișuri cu roșii și avocado 148
Plăcintă cu spanac 150
burgeri de pui cu feta 152
Carne de porc la gratar pentru tacos 154
Plăcintă cu mere italiană - ulei de măsline 156
Tilapia rapidă cu ceapă roșie și avocado 158
Pește la grătar pe lămâi 160
Cină de pește cu cearșaf în timpul săptămânii 162
Bețișoare crocante de pește cu mămăligă 164
Cina din tigaie cu somon 166
Burgeri cu ton și dovlecel toscan 168
Bol siciliană cu varză și ton 170
Tocană de cod mediteranean 172
Midii la abur în sos de vin alb 174
Creveți cu portocale și usturoi 176
Gnocchi cu creveți prăjiți 178
Puttanesca de Creveți Picanți 180
Sandvișuri italiene cu ton 182
Salată cu somon și mărar 184
Placintă cu pizza cu scoici albe 186
Fasole la cuptor Faina de peste 188
Tocană de cod cu ciuperci 189
Pește-spadă condimentat 191
Pasta Mania Anchoy 193
Pastă de creveți usturoi 194
Oțet Miere Somon 196
Făină de pește de portocale 197

Zoodles de creveți 198

Sparanghel Pastrav 199

Ton de măsline de varză 201

Creveți picanți rozmarin 203

Somon sparanghel 205

Salată de ton cu nuci 206

Supă cremoasă de creveți 208

Somon Condimentat Cu Quinoa De Legume 210

Păstrăv Muștar Cu Mere 212

Gnocchi cu Creveți 214

Creveți Saganaki 216

Somon mediteranean 218

Salata Fiesta de Pui

Timp de preparare: 20 minute

Timp de gătit: 20 de minute

Porții: 4

Nivel de dificultate: Ușor

Ingrediente:

- 2 jumatati de piept de pui fara piele sau oase
- 1 pachet de condimente pentru fajitas, împărțit
- 1 lingura de ulei vegetal
- 1 cutie de fasole neagra, clatita si scursa
- 1 cutie de porumb în stil mexican
- 1/2 cană salsa
- 1 pachet de salata verde
- 1 ceapa, tocata marunt
- 1 roșie, tăiată în sferturi

Directii:

Frecați uniform puiul cu 1/2 din condimentul pentru fajitas. Într-o tigaie la foc mediu, fierbeți uleiul și gătiți puiul unul lângă altul timp de 8 minute sau până când sucurile sunt limpezi; pune deoparte. Combinați fasolea, porumbul, salsa și alte 1/2 condimente fajita într-o cratiță mare. Se încălzește la foc mediu până se încălzește. Pregătiți salata amestecând legumele verzi, ceapa și roșia. Acoperiți salata de pui și amestecați cu amestecul de fasole-porumb.

Nutriție (pentru 100g): 311 calorii 6,4 g grăsimi 42,2 g carbohidrați 23 g proteine 853 mg sodiu

Salată de porumb și fasole neagră

Timp de preparare: 10 minute
Timp de gătit: 0 minute
Porții: 4
Nivel de dificultate: Ușor

Ingrediente:

- 2 linguri de ulei vegetal
- 1/4 cana otet balsamic
- 1/2 lingurita de sare
- 1/2 lingurita zahar alb
- 1/2 lingurita de chimen macinat
- 1/2 lingurita piper negru macinat
- 1/2 lingurita praf de chili
- 3 linguri coriandru proaspăt tocat
- 1 conserve de fasole neagră (15 oz)
- 1 conserve de porumb îndulcit (8,75 oz) scurs

Directii:

Combinați oțetul balsamic, uleiul, sarea, zahărul, piperul negru, chimenul și pudra de chili într-un castron mic. Combinați porumbul negru și fasolea într-un castron mediu. Se amestecă cu vinegreta cu oțet și ulei și se ornează cu coriandru. Acoperiți și lăsați la frigider peste noapte.

Nutriție (pentru 100g): 214 calorii 8,4 g grăsimi 28,6 g carbohidrați 7,5 g proteine 415 mg sodiu

Super salata de paste

Timp de preparare: 30 minute
Timp de gătit: 10 minute
Porții: 16
Nivel de dificultate: Mediu

Ingrediente:

- 1 pachet de paste fusilli (16 oz).
- 3 căni de roșii cherry
- 1/2 liră provolone, tăiată cubulețe
- 1/2 kilogram de cârnați, tăiați cubulețe
- 1/4 kilogram de pepperoni, tăiat la jumătate
- 1 ardei gras verde mare
- 1 conserva de masline negre, scurse
- 1 borcan de chili, scurs
- 1 sticlă (8 oz) vinegretă italiană

Directii:

Fierbeți o apă ușor sărată într-o cratiță. Se amestecă pastele și se fierbe timp de aproximativ 8 până la 10 minute sau până când sunt al dente. Scurgeți și clătiți cu apă rece.

Combinați pastele cu roșii, brânză, salam, pepperoni, ardei verde, măsline și ardei gras într-un castron mare. Se toarnă vinegreta și se amestecă bine.

Nutriție (pentru 100g): 310 calorii 17,7 g grăsimi 25,9 g carbohidrați 12,9 g proteine 746 mg sodiu

salata de ton

Timp de preparare: 20 minute
Timp de gătit: 0 minute
Porții: 4
Nivel de dificultate: Ușor

Ingrediente:

- 1 conserve (19 uncii) de fasole garbanzo
- 2 linguri de maioneza
- 2 lingurițe de muștar brun picant
- 1 lingură murătură dulce
- Sare si piper dupa gust
- 2 cepe verde tocate

Directii:

Combinați fasolea verde, maioneza, muștarul, condimentul, ceapa verde tocată, sare și piper într-un castron mediu. Amesteca bine.

Nutriție (pentru 100g): 220 calorii 7,2 g grăsimi 32,7 g carbohidrați 7 g proteine 478 mg sodiu

Salată de cartofi de sud

Timp de preparare: 15 minute
Timp de gătit: 15 minute
Porții: 4
Nivel de dificultate: Mediu

Ingrediente:

- 4 cartofi
- 4 ouă
- 1/2 tulpina de telina, tocata marunt
- 1/4 cană gust dulce
- 1 catel de usturoi tocat marunt
- 2 linguri muștar
- 1/2 cană maioneză
- sare si piper dupa gust

Directii:

Fierbe apa intr-o cratita, aseaza cartofii si fierbe pana se inmoaie, dar inca ferm, aproximativ 15 minute; se scurge si se toaca. Se pun ouale intr-o cratita si se acopera cu apa rece.

Fierbe apa; se acopera, se ia de pe foc si se inmoaie ouale in apa fierbinte timp de 10 minute. Apoi îndepărtați pielea și tocați mărunt.

Combinați cartofi, ouă, țelină, sos dulce, usturoi, muștar, maioneza, sare și piper într-un castron mare. Se amestecă și se servește cald.

Nutriție (pentru 100g): 460 calorii 27,4 g grăsimi 44,6 g carbohidrați 11,3 g proteine 214 mg sodiu

Salată cu șapte straturi

Timp de preparare: 15 minute

Timp de gătit: 5 minute

Porții: 10

Nivel de dificultate: Mediu

Ingrediente:

- 1 kilogram bacon
- 1 cap de salata iceberg
- 1 ceapa rosie, tocata marunt
- 1 pachet de 10 mazăre congelată, decongelată
- 10 oz brânză cheddar măruntită
- 1 cana de conopida tocata
- 1 1/4 cană maioneză
- 2 linguri de zahar alb
- 2/3 cană parmezan ras

Directii:

Puneți baconul într-o tigaie mare, puțin adâncă. Se prăjește la foc mediu până se omogenizează. Se sfărâmă și se pune deoparte.

Puneți salata verde mărunțită într-un castron mare și acoperiți cu un strat de ceapă, mazăre, brânză mărunțită, conopidă și slănină.

Pregătiți vinegreta amestecând maioneza, zahărul și parmezanul.

Se toarnă peste salată și se lasă să se răcească.

Nutriție (pentru 100g): 387 calorii 32,7 g grăsimi 9,9 g carbohidrați 14,5 g proteine 609 mg sodiu

Salată de varză, quinoa și avocado cu vinaigretă de Dijon cu lămâie

Timp de preparare: 5 minute
Timp de gătit: 25 de minute
Porții: 4
Nivel de dificultate: Greu

Ingrediente:

- 2/3 cană quinoa
- 1 1/3 cană de apă
- 1 buchet de varză, ruptă în bucăți mici
- 1/2 avocado - decojit, tăiat cubulețe și fără sâmburi
- 1/2 cană castraveți tocați
- 1/3 cana ardei rosu tocat
- 2 linguri ceapa rosie tocata
- 1 lingura feta maruntita

Directii:

Fierbeți quinoa și 1 1/3 cană de apă într-o cratiță. Reglați focul și fierbeți până când quinoa este fragedă și apa a fost absorbită, aproximativ 15 până la 20 de minute. Se da deoparte la racit.

Puneți varza într-un coș de aburi peste mai mult de un inch de apă clocotită într-o cratiță. Închideți oala cu un capac și gătiți la abur până se încinge, aproximativ 45 de secunde; transferați pe o farfurie mare. Se ornează cu varză, quinoa, avocado, castraveți, ardei gras, ceapă roșie și brânză feta.

Combinați uleiul de măsline, sucul de lămâie, muștarul de Dijon, sare de mare și piper negru într-un castron până când uleiul se emulsionează în dressing; se toarnă peste salată.

Nutriție (pentru 100g): 342 calorii 20,3 g grăsimi 35,4 g carbohidrați 8,9 g proteine 705 mg sodiu

Salata de pui

Timp de preparare: 20 minute
Timp de gătit: 0 minute
Porții: 9
Nivel de dificultate: Ușor

Ingrediente:

- 1/2 cană maioneză
- 1/2 lingurita de sare
- 3/4 lingurita condiment pentru pasare
- 1 lingura de suc de lamaie
- 3 cesti piept de pui fiert, taiat cubulete
- 1/4 lingurita piper negru macinat
- 1/4 lingurita praf de usturoi
- 1/4 lingurita praf de ceapa
- 1/2 cana telina tocata
- 1 (8 oz) cutie de castane de apă, scurse și tocate
- 1/2 cana ceapa verde tocata
- 1 1/2 cană de struguri verzi tăiați în jumătate
- 1 1/2 cani de brânză elvețiană tăiată cubulețe

Directii:

Combinați maioneza, sarea, condimentele pentru pui, praful de ceapă, pudra de usturoi, piperul și sucul de lămâie într-un castron mediu. Combinați puiul, țelina, ceapa verde, castanele de apă, brânza elvețiană și stafidele într-un castron mare. Se amestecă amestecul de maioneză și se amestecă. Se răcește până când este gata de servire.

Nutriție (pentru 100g): 293 calorii 19,5 g grăsimi 10,3 g carbohidrați 19,4 g proteine 454 mg sodiu

Salata Cobb

Timp de preparare: 5 minute
Timp de gătit: 15 minute
Porții: 6
Nivel de dificultate: Greu

Ingrediente:

- 6 felii de bacon
- 3 oua
- 1 cană salată verde iceberg, mărunțită
- 3 căni de carne tocată de pui fiartă
- 2 rosii, fara samburi si tocate marunt
- 3/4 cană brânză albastră, mărunțită
- 1 avocado - decojit, fără sâmburi și tăiat cubulețe
- 3 cepe verde, tocate mărunt
- 1 sticlă (8 oz.) Vinaigretă Ranch

Directii:

Puneți ouăle într-o cratiță și înmuiați-le complet cu apă rece. Fierbe apa. Acoperiți și luați de pe foc și lăsați ouăle să se odihnească în apă fierbinte timp de 10 până la 12 minute. Scoateți din apa fierbinte, răciți, curățați și tăiați mărunt. Puneți baconul într-o tigaie mare și adâncă. Se prăjește la foc mediu până se omogenizează. Pune deoparte.

Împărțiți salata verde mărunțită pe farfurii separate. Întindeți pui, ouă, roșii, brânză albastră, bacon, avocado și ceapă verde pe rânduri pe salată verde. Stropiți cu vinegreta preferată și bucurați-vă.

Nutriție (pentru 100g): 525 calorii 39,9 g grăsimi 10,2 g carbohidrați 31,7 g proteine 701 mg sodiu

Salata de broccoli

Timp de preparare: 10 minute
Timp de gătit: 15 minute
Porții: 6
Nivel de dificultate: Mediu

Ingrediente:

- 10 felii de bacon
- 1 cană de broccoli proaspăt
- ¼ cana ceapa rosie, tocata marunt
- ½ cană de stafide
- 3 linguri de otet de vin alb
- 2 linguri de zahar alb
- 1 cană de maioneză
- 1 cană de semințe de floarea soarelui

Directii:

Prăjiți baconul într-o tigaie la foc mediu. Se scurge, se sfărâmă și se lasă deoparte. Combinați broccoli, ceapa și stafidele într-un castron mediu. Amestecați oțetul, zahărul și maioneza într-un castron mic. Se toarnă peste amestecul de broccoli și se amestecă. Dați la frigider pentru cel puțin două ore.

Înainte de servire, amestecați salata cu slănină măruntită și semințele de floarea soarelui.

Nutriție (pentru 100g): 559 calorii 48,1 g grăsimi 31 g carbohidrați 18 g proteine 584 mg sodiu

Salată de căpșuni spanac

Timp de preparare: 10 minute
Timp de gătit: 0 minute
Porții: 4
Nivel de dificultate: Ușor

Ingrediente:

- 2 linguri de seminte de susan
- 1 lingura de mac
- 1/2 cană de zahăr alb
- 1/2 cană ulei de măsline
- 1/4 cană oțet alb distilat
- 1/4 lingurita boia
- 1/4 linguriță sos Worcestershire
- 1 lingura ceapa tocata marunt
- 10 uncii spanac proaspăt
- 1 litru de căpșuni - curățate, curățate și tăiate felii
- 1/4 cană migdale, albite și rase

Directii:

Într-un castron mediu, amestecați aceleași semințe, semințele de mac, zahărul, uleiul de măsline, oțetul, boia de ardei, sosul Worcestershire și ceapa. Acoperiți și lăsați să se răcească timp de o oră.

Într-un castron mare, adăugați spanacul, căpșunile și migdalele. Stropiți dressingul peste salată și amestecați. Dați la frigider 10 până la 15 minute înainte de servire.

Nutriție (pentru 100g): 491 calorii 35,2 g grăsimi 42,9 g carbohidrați 6 g proteine 691 mg sodiu

Salata de Pere Cu Branza Roquefort

Timp de preparare: 20 minute
Timp de gătit: 10 minute
Porții: 2
Nivel de dificultate: Mediu

Ingrediente:

- 1 frunză de salată verde, ruptă în bucăți mici
- 3 pere - curățate de coajă, fără miez și tăiate cubulețe
- 5 uncii Roquefort, sfărâmat
- 1 avocado - decojit, fără sâmburi și tăiat cubulețe
- 1/2 cana ceapa verde tocata
- 1/4 cană zahăr alb
- 1/2 cană nuci pecan
- 1/3 cană ulei de măsline
- 3 linguri de otet de vin rosu
- 1 1/2 lingurita zahar alb
- 1 1/2 linguriță muștar preparat
- 1/2 lingurita piper negru sarat
- 1 catel de usturoi

Directii:

Amestecați 1/4 cană de zahăr cu nucile pecan într-o cratiță la foc mediu. Continuați să amestecați ușor până când zahărul este caramelizat cu nuci pecan. Transferați cu grijă nucile pe hârtie cerată. Se lasa sa se raceasca si se rupe in bucati.

Se amestecă pentru ulei de vinaigretă, marinată, 1 1/2 linguriță zahăr, muştar, usturoi tocat, sare şi piper.

Într-un castron adânc, combinați salata verde, perele, brânza albastră, avocado şi ceapa verde. Peste salata se pune vinaigreta, se presara nuci pecan si se serveste.

Nutriție (pentru 100g): 426 calorii 31,6 g grăsimi 33,1 g carbohidrați 8 g proteine 481 mg sodiu

Salată de fasole mexicană

Timp de preparare: 15 minute
Timp de gătit: 0 minute
Porții: 6
Nivel de dificultate: Ușor

Ingrediente:

- 1 conserve (15 oz) de fasole neagră, scursă
- 1 conserve (15 oz) de fasole roșie, scursă
- 1 conserve de fasole albă (15 oz), scursă
- 1 ardei gras verde, tocat marunt
- 1 ardei gras rosu, tocat marunt
- 1 pachet de boabe de porumb congelate
- 1 ceapa rosie, tocata marunt
- 2 linguri de suc proaspăt de lămâie
- 1/2 cană ulei de măsline
- 1/2 cană de oțet de vin roșu
- 1 lingura de suc de lamaie
- 1 lingura de sare
- 2 linguri de zahar alb
- 1 cățel de usturoi zdrobit
- 1/4 cana coriandru tocat
- 1/2 lingura chimen macinat
- 1/2 lingură piper negru măcinat
- 1 strop de sos de ardei iute

- 1/2 lingurita praf de chili

Directii:

Combinați fasolea, ardeii, porumbul congelat și ceapa roșie într-un castron mare. Combinați uleiul de măsline, sucul de lămâie, oțetul de vin roșu, zeama de lămâie, zahărul, sare, usturoiul, coriandru, chimen și piper negru într-un castron mic - asezonați cu sos iute și pudră de chili.

Peste legume se toarnă vinegreta cu ulei de măsline; Amesteca bine. Lasam sa se raceasca bine si servim rece.

Nutriție (pentru 100g): 334 calorii 14,8 g grăsimi 41,7 g carbohidrați 11,2 g proteine 581 mg sodiu

Salata de pepene galben

Timp de preparare: 20 minute
Timp de gătit: 0 minute
Porții: 6
Nivel de dificultate: Mediu

Ingrediente:

- ¼ linguriță de sare de mare
- ¼ lingurita piper negru
- 1 lingura otet balsamic
- 1 pepene galben, tăiat în sferturi și fără sămânță
- 12 pepeni, mici și fără semințe
- 2 cani de bile de mozzarella, proaspete
- 1/3 cană busuioc, proaspăt și rupt
- 2 linguri. ulei de masline

Directii:

Răzuiți biluțele de pepene galben și puneți-le într-o strecurătoare peste un castron de servire. Folosește-ți pepenele galben pentru a felia și pepenele verde și apoi adaugă-l la pepene.

Scurgeți fructele timp de zece minute, apoi puneți sucul la frigider pentru o altă rețetă. Poate fi adăugat chiar și la smoothie-uri. Ștergeți bolul uscat și puneți fructele în el.

Adauga busuiocul, uleiul, otetul, mozzarella si rosiile si asezoneaza cu sare si piper. Se amestecă ușor și se servește imediat sau rece.

Nutriție (pentru 100g): 218 calorii 13 g grăsimi 9 g carbohidrați 10 g proteine 581 mg sodiu

Salata de portocale cu telina

Timp de preparare: 15 minute

Timp de gătit: 0 minute

Porții: 6

Nivel de dificultate: Ușor

Ingrediente:

- 1 lingura suc de lamaie, proaspat
- ¼ linguriță sare de mare, fină
- ¼ lingurita piper negru
- 1 lingură saramură ulei de măsline
- 1 lingura de ulei de masline
- ¼ cană ceapă roșie, feliată
- ½ cană de măsline verzi
- 2 portocale, curatate de coaja si feliate
- 3 tulpini de țelină, tăiate în diagonală în felii de 1 inch

Directii:

Puneți portocalele, măslinele, ceapa și țelina într-un castron puțin adânc. Într-un alt castron, amestecați uleiul, uleiul de măsline și sucul de lămâie, turnați peste salată. Asezonați cu sare și piper înainte de servire.

Nutriție (pentru 100g): 65 de calorii 7 g grăsimi 9 g carbohidrați 2 g proteine 614 mg sodiu

Salată de broccoli prăjit

Timp de preparare: 20 minute
Timp de gătit: 10 minute
Porții: 4
Nivel de dificultate: Greu

Ingrediente:

- 1 kilogram de broccoli, tăiat în buchete și feliat
- 3 linguri ulei de măsline, împărțit
- 1 hal de roșii cherry
- 1 ½ linguriță miere, crudă și împărțită
- 3 cani de paine taiata cubulete, grau integral
- 1 lingura otet balsamic
- ½ linguriță de piper negru
- ¼ linguriță sare de mare, fină
- parmezan ras pentru a servi

Directii:

Pregătiți cuptorul la 450 de grade și scoateți o tavă de copt cu ramă. Se da la cuptor sa se incalzeasca. Stropiți-vă broccoli cu o lingură de ulei și amestecați-l.

Scoateți tava de copt din cuptor și puneți broccoli pe ea. Lăsați ulei în fundul vasului, adăugați roșiile, aruncați-le, apoi aruncați roșiile cu o lingură de miere. Turnați-le pe aceeași foaie de copt ca și broccoli.

Se prăjește timp de 15 minute și se amestecă la jumătatea gătitului. Adăugați pâinea și prăjiți încă trei minute. Se bat două linguri de ulei, oțet și mierea rămasă. Asezonați cu sare și piper. Turnați asta peste amestecul de broccoli înainte de servire.

Nutriție (pentru 100g): 226 de calorii 12 g grăsimi 26 g carbohidrați 7 g proteine 581 mg sodiu

Salată de roșii

Timp de preparare: 20 minute
Timp de gătit: 0 minute
Porții: 4
Nivel de dificultate: Ușor

Ingrediente:

- 1 castravete, feliat
- ¼ cana rosii uscate la soare, tocate
- 1 kilogram de roșii, tăiate cubulețe
- ½ cană de măsline negre
- 1 ceapa rosie, tocata
- 1 lingura otet balsamic
- ¼ cana patrunjel, proaspat si tocat
- 2 linguri de ulei de măsline
- sare de mare si piper negru dupa gust

Directii:

Luați un castron și combinați toate legumele împreună. Pentru a vă pregăti dressingul, amestecați toate mirodeniile, uleiul de măsline și oțetul. Se amestecă cu salata și se servește proaspăt.

Nutriție (pentru 100g): 126 calorii 9,2 g grăsimi 11,5 g carbohidrați 2,1 g proteine 681 mg sodiu

Salată de sfeclă feta

Timp de preparare: 15 minute

Timp de gătit: 0 minute

Porții: 4

Nivel de dificultate: Ușor

Ingrediente:

- 6 sfeclă roșie, fiartă și curățată
- 3 uncii de brânză feta, tăiată cubulețe
- 2 linguri de ulei de măsline
- 2 linguri de otet balsamic

Directii:

Combinați totul și serviți.

Nutriție (pentru 100g): 230 de calorii 12 g grăsimi 26,3 g carbohidrați 7,3 g proteine 614 mg sodiu

Salata de conopida si rosii

Timp de preparare: 15 minute
Timp de gătit: 0 minute
Porții: 4
Nivel de dificultate: Ușor

Ingrediente:

- 1 cana de conopida, tocata marunt
- 2 linguri patrunjel, proaspat si tocat
- 2 căni de roșii cherry, tăiate la jumătate
- 2 linguri suc de lamaie, proaspat
- 2 linguri de nuci de pin
- sare de mare si piper negru dupa gust

Directii:

Amestecați sucul de lămâie, roșiile cherry, conopida și pătrunjelul și asezonați după gust. Se ornează cu nuci de pin și se amestecă bine înainte de servire.

Nutriție (pentru 100g): 64 calorii 3,3 g grăsimi 7,9 g carbohidrați 2,8 g proteine 614 mg sodiu

Pilaf cu crema de branza

Timp de preparare: 20 minute

Timp de gătit: 10 minute

Porții: 6

Nivel de dificultate: Mediu

Ingrediente:

- 2 căni de orez galben cu bob lung, gătit
- 1 cană ceapă
- 4 cepe verzi
- 3 linguri de unt
- 3 linguri de supa de legume
- 2 lingurite de piper cayenne
- 1 lingurita boia
- ½ lingurita de cuisoare, tocate marunt
- 2 linguri frunze de menta, proaspete si tocate
- 1 legătură de frunze de mentă proaspătă pentru ornat
- 1 lingura de ulei de masline
- sare de mare si piper negru dupa gust
- <u>Crema de branza:</u>
- 3 linguri de ulei de măsline
- sare de mare si piper negru dupa gust
- 9 uncii cremă de brânză

Directii:

Pregătiți cuptorul la 360 de grade, apoi scoateți o tavă. Încingeți untul și uleiul de măsline împreună și gătiți ceapa și ceapa primăvară timp de două minute.

Adăugați sare, piper, boia de ardei, cuișoare, bulion de legume, orez și alte condimente. Se caleste timp de trei minute. Înveliți în folie și coaceți încă o jumătate de oră. Lasă-l să se răcească.

Amesteca crema de branza, branza, ulei de masline, sare si piper. Serveşte pilaful tău ornat cu frunze de mentă proaspătă.

Nutriție (pentru 100g): 364 de calorii 30 g grăsimi 20 g carbohidrați 5 g proteine 511 mg sodiu

Salată de vinete prăjite

Timp de preparare: 10 minute
Timp de gătit: 20 de minute
Porții: 6
Nivel de dificultate: Ușor

Ingrediente:

- 1 ceapa rosie, tocata
- 2 linguri patrunjel, proaspat si tocat
- 1 lingurita de cimbru
- 2 căni de roșii cherry, tăiate la jumătate
- sare de mare si piper negru dupa gust
- 1 lingurita de oregano
- 3 linguri de ulei de măsline
- 1 lingurita busuioc
- 3 vinete, curatate si taiate cubulete

Directii:

Începeți prin a încălzi cuptorul la 350. Asezonați vinetele cu busuioc, sare, piper, oregano, cimbru și ulei de măsline. Așezați-l pe o foaie de copt și coaceți timp de o jumătate de oră. Se amestecă cu celelalte ingrediente înainte de servire.

Nutriție (pentru 100g): 148 Calorii 7,7 g Grasimi 20,5 g Carbohidrati 3,5 g Proteine 660 mg Sodiu

Legume prăjite

Timp de preparare: 5 minute
Timp de gătit: 15 minute
Porții: 12
Nivel de dificultate: Ușor

Ingrediente:

- 6 catei de usturoi
- 6 linguri de ulei de măsline
- 1 bulb de fenicul, taiat cubulete
- 1 dovlecel, taiat cubulete
- 2 ardei grasi rosii, taiati cubulete
- 6 cartofi, mari si taiati cubulete
- 2 lingurițe de sare de mare
- ½ cană de oțet balsamic
- ¼ cană rozmarin, tocat și proaspăt
- 2 lingurițe pudră de supă de legume

Directii:

Începeți prin a încălzi cuptorul la 400. Puneți cartofii, feniculul, dovlecelul, usturoiul și feniculul pe o tavă de copt, stropiți cu ulei de măsline. Se presară cu sare, pudră de bulion și rozmarin. Amestecați bine și apoi coaceți timp de treizeci până la patruzeci de minute la 450. Amestecați oțetul cu legumele înainte de servire.

Nutriție (pentru 100g): 675 de calorii 21 g grăsimi 112 g carbohidrați 13 g proteine 718 mg sodiu

Salată de rucola cu fistic

Timp de preparare: 20 minute
Timp de gătit: 0 minute
Porții: 6
Nivel de dificultate: Ușor

Ingrediente:

- 6 cani de varza varza, tocata
- ¼ cană de ulei de măsline
- 2 linguri suc de lamaie, proaspat
- ½ lingurita boia afumata
- 2 cani de rucola
- 1/3 cană fistic, nesărat și decojit
- 6 linguri de parmezan, ras

Directii:

Luați un bol de salată și combinați uleiul, lămâia, boia afumată și kale. Masați ușor frunzele timp de o jumătate de minut. Varza ta trebuie să fie bine acoperită. Amestecați ușor rucola și fisticul când sunteți gata de servit.

Nutriție (pentru 100g): 150 de calorii 12 g grăsimi 8 g carbohidrați 5 g proteine 637 mg sodiu

Risotto de orz cu parmezan

Timp de preparare: 10 minute
Timp de gătit: 20 de minute
Porții: 6
Nivel de dificultate: Greu

Ingrediente:

- 1 cana ceapa galbena, tocata
- 1 lingura de ulei de masline
- 4 căni de supă de legume, cu conținut scăzut de sodiu
- 2 căni de orz perlat, nefiert
- ½ cană de vin alb sec
- 1 cană parmezan, ras fin și împărțit
- sare de mare si piper negru dupa gust
- arpagic proaspăt, tocat pentru a servi
- felii de lămâie pentru a servi

Directii:

Adăugați bulionul într-o cratiță și aduceți-l la fiert la foc mediu. Scoateți o oală și puneți-o și pe foc mediu. Încinge uleiul înainte de a adăuga ceapa. Gatiti opt minute, amestecand din cand in cand. Adăugați orzul și gătiți încă două minute. Adăugați orzul și gătiți până se prăjește.

Se toarnă vinul și se fierbe încă un minut. Cea mai mare parte din lichid ar trebui să se fi evaporat înainte de a adăuga o cană de bulion fierbinte. Se fierbe și se amestecă timp de două minute. Lichidul tău ar trebui să fie absorbit. Adăugați bulionul rămas în ceașcă și gătiți până când fiecare ceașcă este absorbită. Ar trebui să dureze aproximativ două minute de fiecare dată.

Luați de pe foc, adăugați o jumătate de cană de brânză și acoperiți cu brânză rămasă, arpagic și felii de lămâie.

Nutriție (pentru 100g): 345 de calorii 7 g grăsimi 56 g carbohidrați 14 g proteine 912 mg sodiu

Salată cu fructe de mare și avocado

Timp de preparare: 10 minute

Timp de gătit: 0 minute

Porții: 4

Nivel de dificultate: Ușor

Ingrediente:

- 2 lbs. somon, fiert și feliat
- 2 lbs. Creveți, fierți și tocați
- 1 cană de avocado, tocat
- 1 cană de maioneză
- 4 linguri suc de lamaie, proaspăt
- 2 catei de usturoi
- 1 cană de smântână
- sare de mare si piper negru dupa gust
- ½ ceapa rosie, tocata marunt
- 1 cană de castraveți, tocat

Directii:

Începeți prin a lua un bol și combinați usturoiul, sarea, piperul, ceapa, maioneza, smântâna și sucul de lămâie,

Luați un alt castron și amestecați împreună somonul, creveții, castraveții și avocado.

Adăugați amestecul de maioneză la creveți și puneți la frigider douăzeci de minute înainte de servire.

Nutriție (pentru 100g): 394 de calorii 30 g grăsimi 3 g carbohidrați 27 g proteine 815 mg sodiu

Salată mediteraneană de creveți

Timp de preparare: 40 minute
Timp de gătit: 0 minute
Porții: 6
Nivel de dificultate: Ușor

Ingrediente:

- 1 liră sterlină. creveți, curățați și gătiți
- 2 tulpini de telina, proaspata
- 1 ceapă
- 2 cepe verzi
- 4 oua, fierte
- 3 cartofi, fierti
- 3 linguri de maioneza
- sare de mare si piper negru dupa gust

Directii:

Începeți prin a tăia cartofii și a tăia țelina. Tăiați ouăle în felii și asezonați după gust. Amestecă totul împreună. Puneți creveții peste ouă, apoi serviți cu ceapă și ceapă verde.

Nutriție (pentru 100g): 207 calorii 6 g grăsimi 15 g carbohidrați 17 g proteine 664 mg sodiu

Salată de paste cu năut

Timp de preparare: 10 minute
Timp de gătit: 15 minute
Porții: 6
Nivel de dificultate: Mediu

Ingrediente:

- 2 linguri de ulei de măsline
- 16 uncii paste rotelle
- ½ cană măsline sărate, tocate
- 2 linguri oregano, proaspăt și tocat
- 2 linguri patrunjel, proaspat si tocat
- 1 legatura de ceapa verde, tocata
- ¼ cană de oțet de vin roșu
- 15 uncii de fasole garbanzo conservată, scursă și clătită
- ½ cană parmezan, ras
- sare de mare si piper negru dupa gust

Directii:

Fierbeți apa și faceți pastele al dente și urmați instrucțiunile de pe ambalaj. Scurgeți și clătiți cu apă rece.

Luați o tigaie și încălziți uleiul de măsline la foc mediu. Adăugați ceapa primăvară, năutul, pătrunjelul, oregano și măslinele. Reduceți focul și gătiți încă douăzeci de minute. Lăsați acest amestec să se răcească.

Amestecați amestecul de năut cu pastele și adăugați brânza măruntită, sare, piper și oțet. Lăsați-l să se răcească timp de patru ore sau peste noapte înainte de servire.

Nutriție (pentru 100g): 424 de calorii 10 g grăsimi 69 g carbohidrați 16 g proteine 714 mg sodiu

Prăjitură mediteraneană

Timp de preparare: 10 minute
Timp de gătit: 30 minute
Porții: 4
Nivel de dificultate: Mediu

Ingrediente:

- 2 dovlecei
- 1 ceapă
- ¼ linguriță de sare de mare
- 2 catei de usturoi
- 3 lingurițe ulei de măsline, împărțit
- 1 kg piept de pui, dezosat
- 1 cană de orz de gătit rapid
- 2 căni de apă
- ¼ lingurita piper negru
- 1 lingurita de oregano
- ¼ de linguriță fulgi de ardei roșu
- ½ linguriță de busuioc
- 2 roșii prune
- ½ cană măsline grecești, fără sâmburi
- 1 lingura patrunjel, proaspat

Directii:

Începeți prin a îndepărta pielea de pe pui, apoi tăiați-o în bucăți mai mici. Toacă mărunt usturoiul și pătrunjelul, apoi toacă măslinele, dovleceii, roșiile și ceapa. Luați o tigaie și aduceți apa la fiert. Amestecați orzul și fierbeți timp de opt până la zece minute.

Oprește focul. Lasă-l să se odihnească timp de cinci minute. Luați o tigaie și adăugați două lingurițe de ulei de măsline. Se prăjește puiul când este fierbinte, apoi se ia de pe foc. Puneți ceapa în uleiul rămas. Amestecați ingredientele rămase și gătiți încă trei până la cinci minute. Serviți cald.

Nutriție (pentru 100g): 337 Calorii 8,6 g Grasimi 32,3 g Carbohidrati 31,7 g Proteine 517 mg Sodiu

Salată de castraveți balsamici

Timp de preparare: 15 minute
Timp de gătit: 0 minute
Porții: 4
Nivel de dificultate: Uşor

Ingrediente:

- 2/3 castraveți englezi mari, tăiați în jumătate și feliați
- 2/3 ceapă roșie medie, tăiată în jumătate și feliată subțire
- 5 1/2 linguri vinaigretă balsamică
- 1 1/3 cană de roșii struguri, tăiate la jumătate
- 1/2 cană brânză feta mărunțită fără grăsimi

Directii:

Într-un castron mare combinați castravetele, roșiile și ceapa. Adauga vinegreta; arunca pentru a acoperi. Se da la frigider, acoperit, pana la servire. Se amestecă brânza chiar înainte de servire. Serviți cu o lingură cu fantă.

Nutriție (pentru 100g): 250 calorii 12 g grăsimi 15 g carbohidrați 34 g proteine 633 mg sodiu

Chirintele Kefta de vita cu salata de castraveti

Timp de preparare: 10 minute
Timp de gătit: 15 minute
Porții: 2
Nivel de dificultate: Greu

Ingrediente:

- spray de copt
- 1/2 kilograme friptură de mușchie măcinată
- 2 linguri plus 2 linguri pătrunjel proaspăt tocat cu frunze plate, împărțit
- 1 1/2 linguriță de ghimbir proaspăt decojit tocat
- 1 lingurita coriandru macinat
- 2 linguri coriandru proaspăt tocat
- 1/4 lingurita de sare
- 1/2 lingurita de chimen macinat
- 1/4 lingurita de scortisoara macinata
- 1 cană de castraveți englezești tăiați subțiri
- 1 lingura de otet de orez
- 1/4 cană iaurt grecesc simplu fără grăsimi
- 1 1/2 linguriță suc proaspăt de lămâie
- 1/4 lingurita piper negru proaspat macinat
- 1 chipsuri pita (6 inchi), tăiate în sferturi

Directii:

Încinge o tigaie de grătar la foc mediu. Ungeți tigaia cu spray de gătit. Combinați carnea de vită, 1/4 cană de pătrunjel, coriandru și următoarele 5 elemente într-un castron mediu. Împărțiți combinația în 4 părți egale și modelați fiecare într-o plăcintă groasă de 1/2 inch. Adăugați chiftele în tigaie; gătiți ambele părți până la gradul dorit de fierbere.

Amesteca castravetele si otetul intr-un castron mediu; arunca bine. Combinați iaurtul fără grăsimi, restul de 2 linguri de pătrunjel, sucul și ardeiul într-un castron mic; se amestecă cu un tel. Puneți 1 chiflă și 1/2 cană amestec de castraveți pe fiecare dintre cele 4 porțelanuri. Acoperiți fiecare ofrandă cu aproximativ 2 linguri de condimente de iaurt. Serviți fiecare cu 2 pâine pita.

Nutriție (pentru 100g): 116 calorii 5 g grăsimi 11 g carbohidrați 28 g proteine 642 mg sodiu

Salata de pui castraveti cu pesto de patrunjel

Timp de preparare: 15 minute
Timp de gătit: 5 minute
Porții: 8
Nivel de dificultate: Uşor

Ingrediente:

- 2 2/3 căni de frunze de pătrunjel proaspăt cu frunze plate
- 1 1/3 cani de spanac proaspat pentru copii
- 1 1/2 linguri de nuci de pin prajite
- 1 1/2 linguri de parmezan ras
- 2 1/2 linguri suc proaspăt de lămâie
- 1 1/3 linguriță sare kosher
- 1/3 lingurita piper negru
- 1 1/3 căței de usturoi medii, zdrobiți
- 2/3 cană ulei de măsline extravirgin
- 5 1/3 cani de pui de rotisor maruntit (de la 1 pui)
- 2 2/3 căni edamame gătite decojite
- 1 1/2 conserve 1 (15 oz.) năut nesărat, scurs și clătit
- 1 1/3 cani de castraveti englezesti tocati
- 5 1/3 cesti de rucola impachetat

Directii:

Combinați pătrunjelul, spanacul, sucul de lămâie, nucile de pin, brânza, usturoiul, sare și piper într-un robot de bucătărie; procesați aproximativ 1 minut. Adăugați ulei în timp ce procesorul funcționează; procesați până la omogenizare, aproximativ 1 minut.

Amestecați puiul, edamame, năutul și castraveții într-un castron mare. Adăugați pesto; arunca pentru a combina.

Pune 2/3 cana rucola in fiecare din cele 6 boluri; acoperiți fiecare cu 1 cană amestec de salată de pui. Serviți imediat.

Nutriție (pentru 100g): 116 calorii 12 g grăsimi 3 g carbohidrați 9 g proteine 663 mg sodiu

Salată ușoară de rucola

Timp de preparare: 15 minute
Timp de gătit: 0 minute
Porții: 6
Nivel de dificultate: Ușor

Ingrediente:

- 6 căni de frunze tinere de rucola, clătite și uscate
- 1 1/2 cană de roșii cherry, tăiate la jumătate
- 6 linguri de nuci de pin
- 3 linguri ulei de sâmburi de struguri sau ulei de măsline
- 1 1/2 linguri otet de orez
- 3/8 lingurita piper negru proaspat macinat dupa gust
- 6 linguri de parmezan ras
- 3/4 lingurita sare dupa gust
- 1 1/2 avocado mare - decojit, fără sâmburi și feliat

Directii:

Într-un castron mare de plastic cu capac, adăugați rucola, roșiile cherry, nucile de pin, uleiul, oțetul și parmezanul. Se condimenteaza cu sare si piper dupa gust. Acoperiți și stoarceți pentru a amesteca.

Se împarte salata peste porțelan și se ornează cu felii de avocado.

Nutriție (pentru 100g): 120 calorii 12 g grăsimi 14 g carbohidrați 25 g proteine 736 mg sodiu

Salată de fasole Feta Garbanzo

Timp de preparare: 10 minute
Timp de gătit: 0 minute
Porții: 6
Nivel de dificultate: Ușor

Ingrediente:

- 1 1/2 conserve (15 uncii) fasole garbanzo
- 1 1/2 conserve (2-1/4 uncii) măsline coapte feliate, scurse
- 1 1/2 roșii medii
- 6 linguri de ceapa rosie taiata subtire
- 2 1/4 cesti 1-1/2 castraveti englezesti tocati grosier
- 6 linguri patrunjel proaspat tocat
- 4 1/2 linguri de ulei de măsline
- 3/8 lingurita sare
- 1 1/2 linguri de suc de lamaie
- 3/16 lingurita piper
- 7 1/2 căni de verdeață de salată mixtă
- 3/4 cană brânză feta mărunțită

Directii:

Pune toate ingredientele într-un castron mare; arunca pentru a combina. Adăugați parmezan.

Nutriție (pentru 100g): 140 calorii 16 g grăsimi 10 g carbohidrați 24 g proteine 817 mg sodiu

Boluri grecești cu orez brun și sălbatic

Timp de preparare: 15 minute
Timp de gătit: 5 minute
Porții: 4
Nivel de dificultate: Ușor

Ingrediente:

- 2 pachete (8-1/2 uncii) amestec de orez brun și sălbatic din cereale integrale gata de consum
- 1 avocado mediu copt, decojit și feliat
- 1 1/2 cană de roșii cherry, tăiate la jumătate
- 1/2 cană vinaigretă grecească, împărțită
- 1/2 cană brânză feta mărunțită
- 1/2 cană măsline grecești fără sâmburi, tăiate felii
- patrunjel proaspat tocat, optional

Directii:

Într-un castron sigur pentru cuptorul cu microunde, combinați amestecul de cereale și 2 linguri de vinegretă. Acoperiți și gătiți la foc mare până se încălzesc, aproximativ 2 minute. Împărțiți între 2 boluri. Delicios cu avocado, legume roșii, brânză, măsline, sos rămas și eventual pătrunjel.

Nutriție (pentru 100g): 116 calorii 10 g grăsimi 9 g carbohidrați 26 g proteine 607 mg sodiu

Salată grecească pentru cină

Timp de preparare: 10 minute
Timp de gătit: 0 minute
Porții: 4
Nivel de dificultate: Ușor

Ingrediente:

- 2 1/2 linguri pătrunjel proaspăt tocat grosier
- 2 linguri mărar proaspăt tocat grosier
- 2 lingurițe de suc proaspăt de lămâie
- 2/3 lingurita oregano uscat
- 2 lingurite de ulei de masline extravirgin
- 4 căni de salată romă mărunțită
- 2/3 cană ceapă roșie feliată subțire
- 1/2 cană brânză feta mărunțită
- 2 cani de rosii taiate cubulete
- 2 lingurite capere
- 2/3 castraveți, decojiți, tăiați în sferturi pe lungime și feliați subțiri
- 2/3 (19 uncii) cutie de năut, scurs și clătit
- 4 chipsuri pita din grâu integral, tăiate în 8 felii fiecare

Directii:

Combină primele 5 țesături într-un castron mare; se amestecă cu un tel. Adăugați un membru al familiei de salată verde și următoarele 6 ingrediente (sapată verde prin năut); arunca bine. Serviți cu pâine pita.

Nutriție (pentru 100g):103 calorii 12 g grăsimi 8 g carbohidrați 36 g proteine 813 mg sodiu

Halibut Cu Lămâie Fenicul Salată

Timp de preparare: 15 minute
Timp de gătit: 5 minute
Porții: 2
Nivel de dificultate: Mediu

Ingrediente:

- 1/2 lingurita coriandru macinat
- 1/4 lingurita de sare
- 1/8 lingurita piper negru proaspat macinat
- 2 1/2 lingurițe ulei de măsline extravirgin, împărțit
- 1/4 lingurita chimen macinat
- 1 cățel de usturoi, tocat
- 2 fileuri de halibut (6 uncii).
- 1 cană bulb de fenicul
- 2 linguri de ceapa rosie taiata subtire pe verticala
- 1 lingura de suc proaspat de lamaie
- 1 1/2 linguriță pătrunjel cu frunze plate tocat
- 1/2 lingurita frunze de cimbru proaspat

Directii:

Combină primele 4 țesături într-un castron. Combinați 1/2 linguriță de amestec de condimente, 2 lingurițe de ulei și usturoi într-un castron mic; frecați uniform amestecul de căței de usturoi peste pește. Se încălzește 1 linguriță de ulei într-o tigaie mare antiaderență la foc mediu spre mare. Adăugați peștele în tigaie;

gătiți 5 minute pe fiecare parte sau până la nivelul dorit de fierbere.

Combinați 3/4 de linguriță de amestec de condimente rămase, restul de 2 lingurițe de ulei, bulbul de fenicul și ingredientele rămase într-un castron mediu, amestecând bine pentru a acoperi. Dă salată cu fructe de mare.

Nutriție (pentru 100g): 110 calorii 9 g grăsimi 11 g carbohidrați 29 g proteine 558 mg sodiu

Salată de pui grecească condimentată

Timp de preparare: 10 minute
Timp de gătit: 10 minute
Porții: 2
Nivel de dificultate: Mediu

Ingrediente:

- 1/2 lingurita oregano uscat
- 1/4 lingurita praf de usturoi
- 3/8 lingurita piper negru, impartit
- spray de copt
- 1/2 kilogram de piept de pui fără piele și dezosat, tăiat în cuburi de 1 inch
- 1/4 lingurita sare, impartita
- 1/2 cană iaurt simplu fără grăsimi
- 1 lingurita tahini (pasta de seminte de susan)
- 2 1/2 linguriță. suc proaspăt de lămâie
- 1/2 lingurita usturoi tocat din sticla
- 4 cani de salata romana tocata
- 1/2 cană de castraveți englezești tăiați de coajă
- 1/2 cană roșii struguri, tăiate la jumătate
- 3 măsline kalamata fără sâmburi, tăiate la jumătate
- 2 linguri (1 uncie) brânză feta mărunțită

Directii:

Combinați oregano, pudra naturală de usturoi, 1/2 linguriță de piper și 1/4 linguriță de sare într-un castron. Încinge o tigaie antiaderentă la foc mediu. Acoperiți tava cu spray alimentar pentru gătit. Adăugați combinația de carne de pasăre și condimente; gatiti pana cand carnea de pasare este gata. Stropiți cu 1 linguriță de suc; se amestecă. Scoateți din tigaie.

Combinați cele 2 lingurițe de suc rămase, 1/4 de linguriță de sodiu rămasă, 1/4 de linguriță de piper rămas, iaurt, tahini și usturoi într-un castron mic; Amesteca bine. Combinați membrii familiei de salată verde, castraveți, roșii și măsline. Puneți 2 1/2 căni de amestec de salată verde pe fiecare dintre cele 4 farfurii. Acoperiți fiecare porție cu o combinație de 1/2 cană de pui și 1 linguriță de brânză. Stropiți fiecare porție cu 3 linguri de combinație de iaurt

Nutriție (pentru 100g): 116 calorii 11 g grăsimi 15 g carbohidrați 28 g proteine 634 mg sodiu

Salata de cuscus grecesc

Timp de preparare: 10 minute
Timp de gătit: 15 minute
Porții: 10
Nivel de dificultate: Uşor

Ingrediente:

- 1 conserve (14-1/2 uncii) bulion de pui cu conținut scăzut de sodiu
- 1 1/2 cani 1-3/4 cuscus din grau integral nefiert (aproximativ 11 uncii)
- Pansament:
- 6 1/2 linguri de ulei de măsline
- 1 1/4 linguriță 1-1/2 coajă de lămâie rasă
- 3 1/2 linguri de suc de lamaie
- 13/16 linguri de condimente de adobo
- 3/16 lingurita sare
- Salată:
- 1 2/3 căni de roșii struguri, tăiate la jumătate
- 5/6 castraveți englezești, tăiați în jumătate pe lungime și feliați
- 3/4 cană pătrunjel proaspăt tocat grosier
- 1 conserve (6-1/2 uncii) măsline coapte feliate, scurse
- 6 1/2 linguri de brânză feta mărunțită
- 3 1/3 ceapa verde, tocata

Directii:

Aduceți bulionul la fierbere într-o cratiță mare. Se amestecă cuşcuşul. Se ia de pe foc; se lasa sa stea, acoperit, pana se absoarbe stocul, aproximativ 5 minute. Transferați pe un platou de dimensiuni bune; se răceşte complet.

Se amestecă ingredientele pentru dressing. Adăugați castravetele, verdeața de roşii, pătrunjelul, măslinele şi ceapa verde în cuşcuş; se amestecă în dressing. Amestecați uşor brânza. Se serveste imediat sau se da la frigider si se serveste cu gheata.

Nutriție (pentru 100g):114 calorii 13 g grăsimi 18 g carbohidrați 27 g proteine 811 mg sodiu

Omletă la cuptor din Denver

Timp de preparare: 10 minute
Timp de gătit: 30 minute
Porții: 4
Nivel de dificultate: Mediu

Ingrediente:

- 2 linguri de unt
- 1/2 ceapa, tocata
- 1/2 ardei gras verde, tocat marunt
- 1 cana sunca fiarta tocata
- 8 oua
- 1/4 cană de lapte
- 1/2 cană brânză cheddar mărunțită și piper negru măcinat după gust

Directii:

Preîncălziți cuptorul la 200 de grade C (400 de grade F). Ungeți o tavă rotundă de 10 cm.

Topiți untul la foc mediu; gătiți și amestecați ceapa și ardeiul până se înmoaie, aproximativ 5 minute. Amestecați șunca și continuați să gătiți până se încălzește, 5 minute.

Bateți ouăle și laptele într-un castron mare. Se amestecă amestecul de brânză cheddar și șuncă; Se condimentează cu sare și piper negru. Turnați amestecul într-o tavă de copt. Se coace la cuptor, aproximativ 25 de minute. Se serveste fierbinte.

Nutriție (pentru 100g): 345 Calorii 26,8 g Grasimi 3,6 g Carbohidrati 22,4 g Proteine 712 mg Sodiu

Tigaie pentru cârnați

Timp de preparare: 25 minute
Timp de gătit: 60 de minute
Porții: 12
Nivel de dificultate: Mediu

Ingrediente:

- 1 kilogram de cârnați de mic dejun cu salvie,
- 3 cani de cartofi rasi, scursi si cu zeama
- 1/4 cana unt topit,
- 12 oz brânză Cheddar rasă moale
- 1/2 cană ceapă, rasă
- 1 recipient mic pentru brânză de vaci
- 6 ouă gigantice

Directii:

Setați cuptorul la 190°C. Ungeți ușor o tavă pătrată de copt de 9 x 13 inci.

Puneți cârnații într-o tigaie mare. Se prăjește la foc mediu până se omogenizează. Se scurge, se sfărâmă și se rezervă.

Amestecați cartofii rasi și untul în vasul de copt pregătit. Acoperiți fundul și părțile laterale ale vasului cu amestecul. Într-un castron, combinați cârnații, cheddarul, ceapa, brânza de vaci și ouăle. Se toarnă peste amestecul de cartofi. Lasă-l să se coacă.

Se lasa sa se raceasca 5 minute inainte de servire.

Nutriție (pentru 100g): 355 Calorii 26,3 g Grasimi 7,9 g Carbohidrati 21,6 g Proteine 755 mg Sodiu.

Creveți marinați la grătar

Timp de preparare: 30 minute
Timp de gătit: 60 de minute
Porții: 6
Nivel de dificultate: Ușor

Ingrediente:

- 1 cana ulei de masline,
- 1/4 cană pătrunjel proaspăt tocat
- 1 lămâie, storsă,
- 3 catei de usturoi, tocati marunt
- 1 lingura pasta de rosii
- 2 lingurite de oregano uscat,
- 1 lingurita de sare
- 2 linguri de sos de ardei iute
- 1 lingurita piper negru macinat,
- 2 kilograme de creveți, curățați și coada îndepărtată

Directii:

Combinați uleiul de măsline, pătrunjelul, sucul de lămâie, sosul iute, usturoiul, pasta de roșii, oregano, sare și piper negru într-un castron. Rezervați o cantitate mică pentru filet mai târziu. Umpleți punga mare de plastic resigilabilă cu marinată și creveți. Închideți și lăsați să se răcească 2 ore.

Preîncălziți grătarul la foc mediu. Așezați creveții pe frigărui, străpungeți o dată în coadă și o dată în cap. Aruncați marinada.

Unge ușor grătarul. Gătiți creveții timp de 5 minute pe fiecare parte sau până când devin opace, ungeți des cu marinada rezervată.

Nutriție (pentru 100g): 447 de calorii 37,5 g grăsimi 3,7 g carbohidrați 25,3 g proteine 800 mg sodiu

Caserolă cu Ouă Cârnați

Timp de preparare: 20 minute
Timp de gătit: 1 oră 10 minute
Porții: 12
Nivel de dificultate: Mediu

Ingrediente:

- 3/4 de kilograme de cârnați de porc tocat mărunt
- 1 lingura de unt
- 4 cepe verde, tocate
- 1/2 kilogram de ciuperci proaspete
- 10 ouă, bătute
- 1 recipient (16 grame) brânză de vaci cu conținut scăzut de grăsimi
- 1 kilogram de brânză Monterey Jack, rasă
- 2 conserve ardei gras verde, taiat cubulete, scurs
- 1 cană de făină, 1 linguriță de praf de copt
- 1/2 lingurita de sare
- 1/3 cană unt topit

Directii:

Puneți cârnații într-o tigaie. Se prăjește la foc mediu până se omogenizează. Scurgeți și puneți deoparte. Topiți untul într-o cratiță, gătiți și amestecați ceapa verde și ciupercile până se înmoaie.

Combinați ouăle, brânza de vaci, brânza Monterey Jack și ardeii într-un castron mare. Se amestecă cârnații, ceapa verde și ciupercile. Acoperiți și lăsați la frigider peste noapte.

Setați cuptorul la 175°C (350°F). Ungeți o tavă ușoară de copt de 9 x 13 inchi.

Cerneți făina, praful de copt și sarea într-un bol. Se amestecă untul topit. Adăugați amestecul de făină la amestecul de ouă. Se toarnă în vasul de copt pregătit. Coaceți până când maro deschis. Lăsați să stea 10 minute înainte de servire.

Nutriție (pentru 100g): 408 calorii 28,7 g grăsimi 12,4 g carbohidrați 25,2 g proteine 1095 mg sodiu

Pătrate de omletă la cuptor

Timp de preparare: 15 minute
Timp de gătit: 30 minute
Porții: 8
Nivel de dificultate: Ușor

Ingrediente:

- 1/4 cană unt
- 1 ceapa mica, tocata
- 1 1/2 cani de brânză cheddar mărunțită
- 1 conserve de ciuperci feliate
- 1 cutie sunca fiarta de masline negre (optional)
- ardei jalapeno felii (optional)
- 12 ouă, omletă
- 1/2 cană de lapte
- sare si piper dupa gust

Directii:

Pregătiți cuptorul la 205°C (400°F). Ungeți o tavă de copt de 9 x 13 inci.

Într-o tigaie la foc mediu, prăjiți untul și prăjiți ceapa până se înmoaie.

Puneți brânza Cheddar în fundul vasului de copt pregătit. Acoperiți cu ciuperci, măsline, ceapă prăjită, șuncă și ardei jalapeno.

Amesteca ouale intr-un castron cu lapte, sare si piper. Turnați amestecul de ouă peste ingrediente, dar nu amestecați.

Coaceți în cuptorul descoperit și preîncălzit, până când nu mai curge lichid în centru și se rumenește ușor deasupra. Se lasa sa se raceasca putin, se taie patrate si se serveste.

Nutriție (pentru 100g): 344 de calorii 27,3 g grăsimi 7,2 g carbohidrați 17,9 g proteine 1087 mg sodiu

Ou fiert

Timp de preparare: 5 minute
Timp de gătit: 15 minute
Porții: 8
Nivel de dificultate: Ușor

Ingrediente:

- 1 lingura de sare
- 1/4 cană oțet alb distilat
- 6 căni de apă
- 8 oua

Directii:

Puneti sarea, otetul si apa intr-o cratita mare si aduceti la fiert la foc mare. Amestecați ouăle pe rând, având grijă să nu le despărțiți. Reduceți focul și gătiți la foc mic și gătiți timp de 14 minute.

Scoateți ouăle din apa fierbinte și puneți-le într-un recipient umplut cu apă cu gheață sau apă rece. Se răcește complet, aproximativ 15 minute.

Nutriție (pentru 100g): 72 de calorii 5 g grăsimi 0,4 g carbohidrați 6,3 g proteine 947 mg sodiu

Ciuperci Cu Glazură De Sos De Soia

Timp de preparare: 5 minute

Timp de gătit: 10 minute

Porții: 2

Nivel de dificultate: Mediu

Ingrediente:

- 2 linguri de unt
- 1 pachet (8 uncii) de ciuperci albe feliate
- 2 catei de usturoi, tocati
- 2 lingurite de sos de soia
- piper negru măcinat după gust

Directii:

Fierbeți untul într-o tigaie la foc mediu; se amestecă ciupercile; gătiți și amestecați până când ciupercile sunt fragede și eliberează, aproximativ 5 minute. Se amestecă usturoiul; continuați să gătiți și să amestecați timp de 1 minut. Turnați sosul de soia; gătiți ciupercile în sosul de soia până când lichidul se evaporă, aproximativ 4 minute.

Nutriție (pentru 100g): 135 calorii 11,9 g grăsimi 5,4 g carbohidrați

Ouă pepperoni

Timp de preparare: 10 minute

Timp de gătit: 20 de minute

Porții: 2

Nivel de dificultate: Mediu

Ingrediente:

- 1 cană înlocuitor de ou
- 1 ou
- 3 cepe verde, tocate
- 8 felii de pepperoni, tăiate cubulețe
- 1/2 lingurita praf de usturoi
- 1 lingurita de unt topit
- 1/4 cană brânză Romano mărunțită
- sare si piper negru macinat dupa gust

Directii:

Combinați înlocuitorul de ou, oul, ceapa verde, feliile de pepperoni și pudra de usturoi într-un castron.

Gatiti untul intr-o tigaie antiaderenta la foc mic; Adăugați amestecul de ouă, închideți tigaia și gătiți timp de 10 până la 15 minute. Stropiți ouăle lui Romano și asezonați cu sare și piper.

Nutriție (pentru 100g): 266 calorii 16,2 g grăsimi 3,7 g carbohidrați 25,3 g proteine 586 mg sodiu

Cupcakes cu ouă

Timp de preparare: 15 minute
Timp de gătit: 20 de minute
Porții: 6
Nivel de dificultate: Mediu

Ingrediente:

- 1 pachet de bacon (12 uncii)
- 6 ouă
- 2 linguri de lapte
- 1/4 lingurita de sare
- 1/4 lingurita piper negru macinat
- 1 c. Unt topit
- 1/4 lingurita. patrunjel uscat
- 1/2 cana sunca
- 1/4 cană brânză mozzarella
- 6 felii de Gouda

Directii:

Pregătiți cuptorul la 175°C (350°F). Gatiti baconul la foc mediu pana incepe sa se rumeneasca. Uscați feliile de bacon cu hârtie de bucătărie.

Puneți feliile de slănină în cele 6 căni ale formei de brioșe antiaderentă. Tăiați slănina rămasă felii și puneți-le în fundul fiecărei cești.

Se amestecă ouăle, laptele, untul, pătrunjelul, sare și piper.

Adăugați șunca și mozzarella.

Umpleți paharele cu amestec de ouă; se ornează cu brânză Gouda.

Coaceți în cuptorul preîncălzit până când brânza Gouda se topește și ouăle sunt fragede, aproximativ 15 minute.

Nutriție (pentru 100g): 310 Calorii 22,9 g Grasimi 2,1 g Carbohidrati 23,1 g Proteine 988 mg Sodiu.

Ouă de dinozaur

Timp de preparare: 20 minute

Timp de gătit: 15 minute

Porții: 4

Nivel de dificultate: Greu

Ingrediente:

- Sos de muștar:
- 1/4 cană muștar grosier
- 1/4 cană de iaurt grecesc
- 1 lingurita praf de usturoi
- 1 praf de piper cayenne
- Ouă:
- 2 oua batute
- 2 căni de fulgi de cartofi piure
- 4 oua fierte, curatate de coaja
- 1 conserve (15 oz) HORMEL® Mary Kitchen® Ground Beef Tocată Cutie
- 2 litri de ulei vegetal pentru prajit

Directii:

Combinați muștarul de modă veche, iaurtul grecesc, pudra de usturoi și ardeiul cayenne într-un castron mic până la omogenizare.

Puneti cele 2 oua batute intr-un vas putin adanc; puneți fulgii de cartofi într-un vas de mică adâncime separat.

Împărțiți carnea tocată în 4 porții. Modelați carnea de vită în jurul fiecărui ou până când este complet învelită.

Înmuiați ouăle învelite în oul bătut și ungeți cu piure de cartofi până se acoperă.

Umpleți o tigaie mare cu ulei și încălziți la 190°C (375°F).

Puneți 2 ouă în uleiul încins și prăjiți timp de 3 până la 5 minute până se rumenesc. Scoatem cu o lingura si asezam pe o farfurie tapetata cu hartie de bucatarie. Repetați cu restul de 2 ouă.

Tăiați pe lungime și serviți cu un sos de muștar.

Nutriție (pentru 100g): 784 calorii 63,2 g grăsimi 34 g carbohidrați

Frittata cu marar si rosii

Timp de preparare: 10 minute

Timp de gătit: 35 de minute

Porții: 6

Nivel de dificultate: Mediu

Ingrediente:

- Piper si sare dupa gust
- 1 lingurita fulgi de ardei rosu
- 2 catei de usturoi, tocati
- ½ cană brânză de capră mărunțită - opțional
- 2 linguri de arpagic proaspăt, tocat
- 2 linguri de marar proaspat, tocat marunt
- 4 roșii, tăiate cubulețe
- 8 oua, batute
- 1 lingurita ulei de cocos

Directii:

Ungeți o tavă rotundă de 9 inci și preîncălziți cuptorul la 325oF.

Într-un castron mare, amestecați bine toate ingredientele și turnați în tava pregătită.

Se pune la cuptor și se coace până când centrul este gătit, aproximativ 30-35 de minute.

Se scoate din cuptor si se orneaza cu mai mult arpagic si marar.

Nutriție (pentru 100g): 149 calorii 10,28 g grăsimi 9,93 g carbohidrați 13,26 g proteine 523 mg sodiu

Clatite Paleo cu banane cu migdale

Timp de preparare: 10 minute
Timp de gătit: 10 minute
Porții: 3
Nivel de dificultate: Mediu

Ingrediente:

- ¼ cană de făină de migdale
- ½ linguriță de scorțișoară măcinată
- 3 oua
- 1 banană, piure
- 1 lingura de unt de migdale
- 1 lingurita extract de vanilie
- 1 lingurita de ulei de masline
- Banana taiata felii pentru a servi

Directii:

Bate ouăle într-un castron până devin pufoase. Într-un alt castron, zdrobește banana cu o furculiță și se adaugă la amestecul de ouă. Adaugati vanilia, untul de migdale, scortisoara si faina de migdale. Se amestecă până la un aluat fin. Încinge uleiul de măsline într-o tigaie. Adăugați o lingură de aluat și prăjiți pe ambele părți.

Continuați acești pași până când ați terminat toată aluatul.

Inainte de servire pune deasupra cateva felii de banana.

Nutriție (pentru 100g): 306 calorii 26 g grăsimi 3,6 g carbohidrați 14,4 g proteine 588 mg sodiu

Dovlecel cu ou

Timp de preparare: 5 minute
Timp de gătit: 10 minute
Porții: 2
Nivel de dificultate: Ușor

Ingrediente:

- 1 1/2 linguri de ulei de măsline
- 2 dovlecei mari, tăiați în bucăți mari
- sare si piper negru macinat dupa gust
- 2 ouă mari
- 1 lingurita apa, sau dupa dorinta

Directii:

Se fierbe uleiul într-o tigaie la foc mediu; gătiți dovleceii până se înmoaie, aproximativ 10 minute. Se condimentează bine dovlecelul.

Pasează ouăle cu o furculiță într-un castron. Se toarnă apa și se bate până se omogenizează bine. Se toarnă ouăle peste dovlecel; gătiți și amestecați până când se amestecă și nu mai curge, aproximativ 5 minute. Se condimentează bine dovleceii și ouăle.

Nutriție (pentru 100g): 213 calorii 15,7 g grăsimi 11,2 g carbohidrați 10,2 g proteine 180 mg sodiu

Mâncare de mic dejun cu brânză Amish

Timp de preparare: 10 minute
Timp de gătit: 50 de minute
Porții: 12
Nivel de dificultate: Ușor

Ingrediente:

- 1 kilogram de bacon tocat, taiat cubulete
- 1 ceapa dulce, tocata
- 4 căni de cartofi măruntiți și congelați, decongelați
- 9 oua batute usor
- 2 căni de brânză cheddar măruntită
- 1 1/2 cană brânză de vaci
- 1 1/4 cani de brânză elvețiană măruntită

Directii:

Preîncălziți cuptorul la 175°C (350°F). Ungeți o tavă de copt de 9 x 13 inci.

Încinge o tigaie mare la foc mediu; gatiti si amestecati baconul si ceapa pana cand baconul se rumeneste uniform, aproximativ 10 minute. scurgere. Se amestecă cartofii, ouăle, brânza cheddar, brânza de vaci și brânza elvețiană. Umpleți amestecul într-un vas de copt pregătit.

Coaceți la cuptor până când ouăle se întăresc și brânza se topește, 45 până la 50 de minute. Lăsați deoparte 10 minute înainte de a tăia și a servi.

Nutriție (pentru 100g): 314 calorii 22,8 g grăsimi 12,1 g carbohidrați 21,7 g proteine 609 mg sodiu

Salata Cu Branza Roquefort

Timp de preparare: 20 minute
Timp de gătit: 25 de minute
Porții: 6
Nivel de dificultate: Uşor

Ingrediente:

- 1 frunză de salată verde, ruptă în bucăți mici
- 3 pere - decojite, dezlipite si tocate
- 5 oz brânză Roquefort, mărunțită
- 1/2 cana ceapa verde tocata
- 1 avocado - decojit, fără sâmburi și tăiat cubulețe
- 1/4 cană zahăr alb
- 1/2 cană nuci pecan
- 1 1/2 lingurita zahar alb
- 1/3 cana ulei de masline,
- 3 linguri otet de vin rosu,
- 1 1/2 linguriță de muștar preparat,
- 1 catel de usturoi tocat,
- 1/2 lingurita piper negru proaspat macinat

Directii:

Procesați 1/4 cană de zahăr cu nucile pecan într-o tigaie la foc mediu. Continuați să amestecați uşor până când zahărul și nucile pecan se topesc. Puneți cu grijă nucile pe hârtie ceară. Pune deoparte și rupe în bucăți.

Combinație de ulei de vinaigretă, oțet, 1 1/2 linguriță zahăr, muștar, usturoi tocat, sare și piper.

Într-un castron mare, combinați salata verde, perele, brânza albastră, avocado și ceapa verde. Se toarna vinegreta peste salata, se presara nuci pecan si se serveste.

Nutriție (pentru 100g): 426 calorii 31,6 g grăsimi 33,1 g carbohidrați 8 g proteine 654 mg sodiu

Orez cu vermicelli

Timp de preparare: 5 minute
Timp de gătit: 45 de minute
Porții: 6
Nivel de dificultate: Ușor

Ingrediente:

- 2 căni de orez cu bob scurt
- 3½ căni de apă, plus mai mult pentru clătirea și înmuierea orezului
- ¼ cană de ulei de măsline
- 1 cană de paste vermicelli sparte
- Sărat

Directii:

Înmuiați orezul sub apă rece până când apa devine limpede. Pune orezul intr-un castron, acopera cu apa si lasa-l la macerat 10 minute. Scurgeți și puneți deoparte. Fierbeți uleiul de măsline într-o cratiță medie la foc mediu.

Se amestecă vermicelli și se gătesc timp de 2 până la 3 minute, amestecând constant, până când se rumenesc.

Adăugați orezul și gătiți, amestecând, timp de 1 minut, astfel încât orezul să fie bine acoperit cu ulei. Se amestecă apa și un praf de sare și se aduce lichidul la fierbere. Reglați focul și fierbeți timp de 20 de minute. Se ia de pe foc si se lasa sa se odihneasca 10 minute. Pufează cu o furculiță și servește.

Nutriție (pentru 100g): 346 calorii 9 g grăsimi totale 60 g carbohidrați 2 g proteine 0,9 mg sodiu

Fasole și orez

Timp de preparare: 10 minute
Timp de gătit: 35 de minute
Porții: 4
Nivel de dificultate: Ușor

Ingrediente:

- ¼ cană de ulei de măsline
- 4 cani de fasole proaspete, decojite
- 4½ căni de apă, plus mai mult pentru a picura
- 2 cani de orez basmati
- 1/8 lingurita sare
- 1/8 lingurita piper negru proaspat macinat
- 2 linguri nuci de pin, prajite
- ½ cană de arpagic proaspăt tocat cu usturoi sau ceapă proaspătă

Directii:

Umpleți cratita cu ulei de măsline și gătiți la foc mediu. Adăugați fasolea și stropiți-le cu puțină apă pentru a preveni să se ardă sau să se lipească. Se fierbe 10 minute.

Se amestecă ușor orezul. Adăugați apa, sare și piper. Aprindeți focul și gătiți amestecul. Reglați focul și lăsați să fiarbă 15 minute.

Se ia de pe foc si se lasa sa se odihneasca 10 minute inainte de servire. Transferați pe un platou de servire și stropiți cu nuci de pin prăjite și arpagic.

Nutriție (pentru 100g): 587 calorii 17 g grăsimi totale 97 g carbohidrați 2 g proteine 0,6 mg sodiu

Fasole cu unt

Timp de preparare: 30 minute
Timp de gătit: 15 minute
Porții: 4
Nivel de dificultate: Uşor

Ingrediente:

- ½ cană de bulion de legume
- 4 kilograme de fasole, decojite
- ¼ cană tarhon proaspăt, împărțit
- 1 lingurita de cimbru proaspat tocat
- ¼ de lingurita piper negru proaspat macinat
- 1/8 lingurita sare
- 2 linguri de unt
- 1 cățel de usturoi, tocat
- 2 linguri patrunjel proaspat tocat

Directii:

Fierbeți supa de legume într-o cratiță mică la foc mediu. Adăugați fasolea, 2 linguri de tarhon, cimbru, sare și piper. Gatiti pana cand burta este aproape absorbita si fasolea este frageda.

Se amestecă untul, usturoiul și restul de 2 linguri de tarhon. Se fierbe 2-3 minute. Se presara patrunjel si se serveste caldut.

Nutriție (pentru 100g): 458 calorii 9 g grăsimi 81 g carbohidrați 37 g proteine 691 mg sodiu

Freekeh

Timp de preparare: 10 minute
Timp de gătit: 40 de minute
Porții: 4
Nivel de dificultate: Ușor

Ingrediente:

- 4 linguri de ghee
- 1 ceapa, tocata
- 3½ căni de supă de legume
- 1 linguriță de ienibahar măcinat
- 2 căni de freekeh
- 2 linguri nuci de pin, prajite

Directii:

Topiți ghee-ul într-o tigaie cu fund greu la foc mediu. Amestecați ceapa și gătiți aproximativ 5 minute, amestecând continuu, până când ceapa devine maro aurie. Se toarnă supa de legume, se adaugă ienibaharul și se aduce la fierbere. Se amestecă freekeh-ul și se aduce amestecul înapoi la fierbere. Reglați focul și fierbeți timp de 30 de minute, amestecând din când în când. Puneti freekeh-ul intr-un castron de servire si garnisiti cu nuci de pin prajite.

Nutriție (pentru 100g): 459 calorii 18 g grăsimi 64 g carbohidrați 10 g proteine 692 mg sodiu

Biluțe De Orez Prăjit Cu Sos De Roșii

Timp de preparare: 15 minute
Timp de gătit: 20 de minute
Porții: 8
Nivel de dificultate: Greu

Ingrediente:

- 1 cană de pesmet
- 2 căni de risotto gătit
- 2 ouă mari, împărțite
- ¼ cană parmezan proaspăt ras
- 8 bile proaspete de mozzarella pentru bebeluși sau 1 bloc (4 inchi) de mozzarella proaspătă, tăiate în 8 bucăți
- 2 linguri de apa
- 1 cană de ulei de porumb
- 1 cană sos de bază de roșii-busuioc sau cumpărat din magazin

Directii:

Pune pesmetul într-un castron mic și pune-l deoparte. Într-un castron mediu, amestecați risotto, 1 ou și parmezan. Împărțiți amestecul de risotto în 8 bucăți. Așezați pe o suprafață de lucru curată și aplatizați fiecare bucată.

Pune 1 bila de mozzarella pe fiecare disc de orez turtit. Închideți orezul în jurul mozzarella pentru a forma o minge. Repetați acest lucru până când ați epuizat toate bilele. În același mediu, acum vasul gol, bateți oul rămas și apa. Înmuiați fiecare bilă de risotto pregătită în spălarea de ouă și rulați în pesmet. Pune deoparte.

Fierbe uleiul de porumb într-o tigaie la foc mare. Puneți cu grijă bilele de risotto în uleiul încins și prăjiți timp de 5 până la 8 minute până când se rumenesc. Amestecați-le, dacă este necesar, pentru a vă asigura că toată suprafața este coptă. Cu o lingura cu fanta asezam bilutele prajite pe hartie de bucatarie pentru a se scurge.

Încingeți sosul de roșii într-o cratiță medie la foc mediu timp de 5 minute, amestecând din când în când, și serviți sosul iute alături de bile de orez.

Nutriție (pentru 100g): 255 calorii 15 g grăsimi 16 g carbohidrați 2 g proteine 669 mg sodiu

Orez în stil spaniol

Timp de preparare: 10 minute
Timp de gătit: 35 de minute
Porții: 4
Nivel de dificultate: Mediu

Ingrediente:

- ¼ cană de ulei de măsline
- 1 ceapa mica, tocata marunt
- 1 ardei gras rosu, fara samburi si taiat cubulete
- 1½ cani de orez alb
- 1 lingurita boia dulce
- ½ linguriță de chimen măcinat
- ½ linguriță de coriandru măcinat
- 1 cățel de usturoi, tocat
- 3 linguri de pasta de tomate
- 3 căni de supă de legume
- 1/8 lingurita sare

Directii:

Încinge uleiul de măsline într-o tigaie mare, cu fundul greu, la foc mediu. Se amestecă ceapa și ardeiul roșu. Gatiti 5 minute sau pana se inmoaie. Adăugați orezul, boia de ardei, chimen și coriandru și gătiți timp de 2 minute, amestecând des.

Adăugați usturoiul, piureul de roșii, bulionul de legume și sarea. Se amestecă bine și se condimentează, dacă este necesar. Lasă amestecul să dea în clocot. Reduceți focul și fierbeți timp de 20 de minute.

Se lasa deoparte 5 minute inainte de servire.

Nutriție (pentru 100g): 414 calorii 14 g grăsimi 63 g carbohidrați 2 g proteine 664 mg sodiu

Dovlecel cu orez și tzatziki

Timp de preparare: 20 minute
Timp de gătit: 35 de minute
Porții: 4
Nivel de dificultate: Mediu

Ingrediente:

- ¼ cană de ulei de măsline
- 1 ceapa, tocata
- 3 dovlecei, tăiați cubulețe
- 1 cană de bulion de legume
- ½ cană mărar proaspăt tocat
- Sărat
- Piper negru proaspăt măcinat
- 1 cană de orez cu bob scurt
- 2 linguri de nuci de pin
- 1 cană sos Tzatziki, iaurt simplu sau cumpărat din magazin

Directii:

Fierbe uleiul într-o tigaie cu fundul greu la foc mediu. Amestecați ceapa, dați focul la mediu și gătiți timp de 5 minute. Se amestecă dovlecelul și se fierbe încă 2 minute.

Se amestecă bulionul de legume și mararul și se condimentează cu sare și piper. Dați focul la mediu și aduceți amestecul la fierbere.

Se amestecă orezul și se aduce amestecul înapoi la fierbere. Reduceți focul la foarte mic, acoperiți tigaia și gătiți timp de 15 minute. Se ia de pe foc si se lasa deoparte 10 minute. Transferați orezul într-un vas de servire, stropiți cu nuci de pin și serviți cu sos tzatziki.

Nutriție (pentru 100g): 414 calorii 17 g grăsimi 57 g carbohidrați 5 g proteine 591 mg sodiu

Fasole Cannellini Cu Rozmarin Si Usturoi Aioli

Timp de preparare: 10 minute
Timp de gătit: 10 minute
Porții: 4
Nivel de dificultate: Ușor

Ingrediente:

- 4 cani de fasole cannellini fierte
- 4 căni de apă
- ½ lingurita de sare
- 3 linguri de ulei de măsline
- 2 linguri rozmarin proaspăt tocat
- ½ cană aioli cu usturoi
- ¼ de lingurita piper negru proaspat macinat

Directii:

Combinați fasolea cannellini, apa și sarea într-o cratiță medie la foc mediu. Se aduce la fierbere. Se fierbe 5 minute. scurgere. Încinge uleiul de măsline într-o tigaie la foc mediu.

Adăugați fasolea. Se amestecă rozmarin și alioli. Reduceți căldura la mediu și gătiți, amestecând, doar pentru a se încălzi. Se condimentează cu piper și se servește.

Nutriție (pentru 100g): 545 calorii 36 g grăsimi 42 g carbohidrați 14 g proteine 608 mg sodiu

Orez cu bijuterii

Timp de preparare: 15 minute
Timp de gătit: 30 minute
Porții: 6
Nivel de dificultate: Greu

Ingrediente:

- ½ cană ulei de măsline, împărțit
- 1 ceapa, tocata marunt
- 1 cățel de usturoi, tocat
- ½ linguriță de ghimbir proaspăt decojit tocat
- 4½ căni de apă
- 1 linguriță sare, împărțită, plus mai mult dacă este nevoie
- 1 lingurita turmeric macinat
- 2 cani de orez basmati
- 1 cană de mazăre dulce proaspătă
- 2 morcovi, curățați și tăiați în cuburi de 1 inch
- ½ cană de afine uscate
- Coaja rasă a unei portocale
- 1/8 lingurita piper cayenne
- ¼ cană migdale felii, prăjite

Directii:

Se încălzește ¼ de cană de ulei de măsline într-o tigaie mare. Se pune ceapa si se caleste 4 minute. Fructează în aceasta usturoiul și ghimbirul.

Se amestecă apa, ¾ de linguriță de sare și turmeric. Aduceți amestecul la fierbere. Adăugați orezul și aduceți amestecul înapoi la fierbere. Gustați bulionul și asezonați cu mai multă sare dacă este necesar. Reduceți focul și gătiți timp de 15 minute. Oprește focul. Lăsați orezul acoperit pe arzător timp de 10 minute. Între timp, într-o tigaie medie sau o tigaie la foc mediu, încălziți restul de ¼ de cană de ulei de măsline. Se amestecă mazărea și morcovii. Se fierbe 5 minute.

Se amestecă merișoare și coaja de portocală. Se presară cu sare rămasă și piper cayenne. Se fierbe timp de 1 până la 2 minute. Pune orezul pe un platou de servire. Se presara cu mazarea si morcovii si se presara migdalele prajite.

Nutriție (pentru 100g): 460 calorii 19 g grăsimi 65 g carbohidrați 4 g proteine 810 mg sodiu

Risotto cu sparanghel

Timp de preparare: 15 minute
Timp de gătit: 30 minute
Porții: 4
Nivel de dificultate: Greu

Ingrediente:

- 5 căni bulion de legume, împărțit
- 3 linguri de unt nesarat, impartite
- 1 lingura de ulei de masline
- 1 ceapa mica, tocata
- 1½ cani de orez Arborio
- 1 kilogram de sparanghel proaspăt, capetele tăiate, tăiate în bucăți de 1 inch, capetele separate
- ¼ cană parmezan proaspăt ras

Directii:

Se fierbe supa de legume la foc mediu. Reduceți focul la mic și fierbeți. Amesteca 2 linguri de unt cu uleiul de masline. Se amestecă ceapa și se fierbe timp de 2 până la 3 minute.

Adăugați orezul și amestecați cu o lingură de lemn, amestecând timp de 1 minut, până când boabele sunt bine acoperite cu unt și ulei.

Se amestecă ½ cană de bulion cald. Gatiti si amestecati pana cand bulionul este complet absorbit. Adăugați sparanghelul și încă o jumătate de cană de bulion. Gatiti si amestecati din cand in cand. Continuați să adăugați bulion, ½ cană la un moment dat și gătiți până când se absoarbe complet când adăugați următoarea ½ cană. Amestecați în mod regulat pentru a preveni lipirea. Orezul trebuie să fie gătit, dar încă ferm.

Adăugați vârfurile de sparanghel, restul de 1 lingură de unt și parmezanul. Se amestecă energic pentru a se combina. Luați de pe foc, presărați cu parmezan suplimentar, dacă doriți, și serviți imediat.

Nutriție (pentru 100g): 434 calorii 14 g grăsimi 67 g carbohidrați 6 g proteine 517 mg sodiu

Briose cu pizza cu quinoa

Timp de preparare: 15 minute

Timp de gătit: 30 minute

Porții: 4

Nivel de dificultate: Ușor

Ingrediente:

- 1 cană quinoa nefiertă
- 2 ouă mari
- ½ ceapă medie, tocată
- 1 cană ardei gras tăiat cubulețe
- 1 cană de brânză mozzarella mărunțită
- 1 lingura busuioc uscat
- 1 lingura oregano uscat
- 2 linguri praf de usturoi
- 1/8 lingurita sare
- 1 lingurita ardei rosu macinat
- ½ cana ardei rosu prajit, tocat*
- Sos pizza, aproximativ 1-2 căni

Directii:

Preîncălziți cuptorul la 350oF. Gatiti quinoa conform instructiunilor. Combinați toate ingredientele (cu excepția sosului) într-un castron. Se amestecă bine toate ingredientele.

Puneți uniform amestecul de pizza de quinoa în forma de brioșe. Face 12 briose. Coaceți timp de 30 de minute până când brioșele sunt maro auriu și marginile sunt crocante.

Stropiți cu 1 sau 2 linguri de sos de pizza și bucurați-vă!

Nutriție (pentru 100g): 303 calorii 6,1 g grăsimi 41,3 g carbohidrați 21 g proteine 694 mg sodiu

Paine Rozmarin Nuca

Timp de preparare: 5 minute

Timp de gătit: 45 de minute

Porții: 8

Nivel de dificultate: Greu

Ingrediente:

- ½ ceasca de nuci tocate
- 4 linguri de rozmarin proaspăt, tocat
- 1 1/3 cani de apa carbogazoasa calduta
- 1 lingura miere
- ½ cană de ulei de măsline extravirgin
- 1 lingurita otet de mere
- 3 oua
- 5 lingurițe granule de drojdie uscată instant
- 1 lingurita sare
- 1 lingura guma xantan
- ¼ cană pudră de zară
- 1 cană făină de orez alb
- 1 cană amidon de tapioca
- 1 cană de amidon de săgeată
- 1 ¼ cană de amestec de făină universal fără gluten Bob's Red Mill

Directii:

Bate bine ouăle într-un castron mare. Adăugați 1 cană de apă caldă, miere, ulei de măsline și oțet.

În timp ce bateți continuu, adăugați restul ingredientelor cu excepția rozmarinului și a nucilor.

Continuați să bateți. Dacă aluatul este prea tare, amestecați cu puțină apă caldă. Aluatul trebuie să fie aspru și gros.

Adaugam apoi rozmarinul si nucile si framantam in continuare pana se distribuie uniform.

Acoperiți vasul cu aluat cu un prosop curat, puneți-l într-un loc cald și lăsați să crească timp de 30 de minute.

Cincisprezece minute în timpul de creștere, preîncălziți cuptorul la 400oF.

Ungeți generos un cuptor olandez de 2 litri cu ulei de măsline și preîncălziți cuptorul fără capac.

Odată ce aluatul a terminat de crescut, scoateți tava din cuptor și puneți aluatul înăuntru. Cu o spatulă umedă, întindeți partea superioară a aluatului uniform în oală.

Ungeți blaturile de pâine cu 2 linguri de ulei de măsline, acoperiți cuptorul olandez și coaceți timp de 35 până la 45 de minute. Când pâinea este gătită, scoateți-o din cuptor. Și scoateți cu grijă pâinea din tigaie. Lăsați pâinea să se răcească cel puțin zece minute înainte de a o feli. Serviți și savurați.

Nutriție (pentru 100g): 424 de calorii 19 g grăsimi 56,8 g carbohidrați 7 g proteine 844 mg sodiu

Delicios Crabby Panini

Timp de preparare: 5 minute

Timp de gătit: 10 minute

Porții: 4

Nivel de dificultate: Ușor

Ingrediente:

- 1 lingura ulei de masline
- Bagueta despicata si feliata in diagonala
- 1 kilogram de crab de creveți
- ½ cană de țelină
- ¼ cană ceapă verde tocată
- 1 lingurita sos Worcestershire
- 1 lingurita suc de lamaie
- 1 lingură muștar de Dijon
- ½ cană de maioneză ușoară

Directii:

Într-un castron mediu, amestecați bine următoarele: țelină, ceapă, Worcestershire, suc de lămâie, muştar şi maioneză. Asezonați cu sare şi piper. Apoi adăugați cu grijă migdalele şi crabii.

Ungeți cu ulei de măsline părțile tăiate ale pâinii şi ungeți-le cu amestecul de crabi înainte de a le acoperi cu o altă felie de pâine.

Sandvişul la grătar într-o presă Panini până când pâinea este crocantă şi crestă.

Nutriție (pentru 100g): 248 calorii 10,9 g grăsimi 12 g carbohidrați 24,5 g proteine 845 mg sodiu

Pizza și produse de patiserie perfecte

Timp de preparare: 35 minute

Timp de gătit: 15 minute

Porții: 10

Nivel de dificultate: Greu

Ingrediente:

- <u>Pentru aluatul de pizza:</u>
- 2 linguri de miere
- 1/4 oz. drojdie uscată activă
- 11/4 cani de apa calda (aproximativ 120°F)
- 2 linguri ulei de masline
- 1 lingurita sare de mare
- 3 căni de făină integrală de grâu + 1/4 cană, dacă este necesar să se ruleze
- <u>Pentru topping de pizza:</u>
- 1 cană sos pesto
- 1 cană inimioare de anghinare
- 1 cană frunze ofilite de spanac
- 1 cană de roșii uscate la soare
- 1/2 cană măsline Kalamata
- 4 uncii. brânză feta
- 4 uncii. brânză amestecată din părți egale mozzarella cu conținut scăzut de grăsimi, asiago și provolone Ulei de măsline

- Suplimente opționale pentru topping:
- ardei gras
- File de pui, fasii Busuioc proaspat
- nuci de pin

Directii:

Pentru aluatul de pizza:

Preîncălziți cuptorul la 350°F.

Amestecați mierea și drojdia cu apa călduță în robotul de bucătărie cu un accesoriu pentru aluat. Amestecați amestecul până când se combină complet. Lasam amestecul sa se odihneasca 5 minute pentru a asigura activitatea drojdiei prin aparitia bulelor de aer la suprafata.

Se toarnă uleiul de măsline. Adăugați sarea și amestecați timp de o jumătate de minut. Adăugați treptat 3 căni de făină, aproximativ 1/2 cană o dată, amestecând câteva minute între fiecare adăugare.

Lăsați procesorul să frământe amestecul timp de 10 minute până când este omogen și elastic, pudând cu făină dacă este necesar pentru a preveni lipirea aluatul de suprafețele bolului procesorului.

Scoateți aluatul din bol. Lăsați să stea 15 minute, acoperit cu un prosop umed și cald.

Întindeți aluatul până la o grosime de jumătate de centimetru și pudrați cu făină dacă este necesar. Înțepăți aluatul la întâmplare cu o furculiță pentru a preveni clocotarea crustei.

Puneți aluatul perforat, întins pe o piatră de pizza sau o foaie de copt. Coaceți timp de 5 minute.

Pentru topping de pizza:

Ungeți ușor baza de pizza coaptă cu ulei de măsline.

Se toarnă deasupra sosul pesto și se întinde bine pe suprafața bazei de pizza, lăsând un centimetru spațiu în jurul marginii pentru crustă.

Acoperiți pizza cu inimioare de anghinare, frunze de spanac ofilite, roșii uscate la soare și măsline. (Acoperiți cu mai multe suplimente, după cum doriți.) Acoperiți cu brânză.

Așezați pizza direct pe grătarul cuptorului. Coaceți timp de 10 minute până când brânza clocotește și se topește din centru până la capăt. Lasam pizza sa se raceasca 5 minute inainte de a o feli.

Nutriție (pentru 100g): 242,8 calorii 15,1 g grăsimi 15,7 g carbohidrați 14,1 g proteine 942 mg sodiu

Margherita model mediteranean

Timp de preparare: 15 minute

Timp de gătit: 15 minute

Porții: 10

Nivel de dificultate: Greu

Ingrediente:

- Coaja de pizza cu 1 lot
- 2 linguri ulei de masline
- 1/2 cană roșii zdrobite
- 3 roșii rom, feliate grosime de 1/4 inch
- 1/2 cană frunze de busuioc proaspăt, feliate subțiri
- 6 oz. bloc de mozzarella, tăiat în felii de 1/4 inch, uscat cu prosoape de hârtie
- 1/2 lingurita sare de mare

Directii:

Preîncălziți cuptorul la 450°F.

Ungeți ușor baza de pizza cu ulei de măsline. Răspândiți bine roșiile zdrobite peste baza de pizza, lăsând un centimetru de spațiu în jurul marginii pentru crustă.

Acoperiți pizza cu felii de roșie Roma, frunze de busuioc și felii de mozzarella. Presărați sare peste pizza.

Așezați pizza direct pe grătarul cuptorului. Coaceți până când brânza se topește de la centru spre crustă. Pune deoparte pentru feliere.

Nutriție (pentru 100g):251 de calorii 8g grăsimi 34g carbohidrați 9g proteine 844mg sodiu

Piese de picnic ambalate portabile

Timp de preparare: 5 minute

Timp de gătit: 0 minute

Porții: 1

Nivel de dificultate: Ușor

Ingrediente:

- 1 felie de pâine integrală, tăiată în bucăți mici
- 10 buc rosii cherry
- 1/4 oz. brânză învechită, feliată
- 6 bucăți de măsline curate cu ulei

Directii:

Ambalați fiecare ingrediente într-un recipient portabil pentru a vă servi gustări din mers.

Nutriție (pentru 100g): 197 calorii 9 g grăsimi 22 g carbohidrați 7 g proteine 499 mg sodiu

Frittata umplută cu dovlecel picant şi topping de roşii

Timp de preparare: 10 minute

Timp de gătit: 15 minute

Porţii: 4

Nivel de dificultate: Uşor

Ingrediente:

- 8 bucăţi de ouă
- 1/4 lingurita ardei rosu, macinat
- 1/4 lingurita de sare
- 1 lingura ulei de masline
- 1 buc dovlecel mic, feliat subţire pe lungime
- 1/2 cană roşii cherry roşii sau galbene, tăiate la jumătate
- 1/3 cana nuci, tocate grosier
- 2 oz. bile de mozzarella proaspătă de mărimea unei muşcături (bocconcini)

Directii:

Preîncălziţi grătarul. Între timp, amestecaţi ouăle, ardeiul roşu măcinat şi sarea într-un castron mediu. Pune deoparte.

Într-o tigaie de 10 inchi rezistentă la grătar la foc mediu-mare, încălziţi uleiul de măsline. Aranjaţi feliile de dovlecel într-un strat uniform pe fundul cratiței. Se prăjește timp de 3 minute, întorcându-se o dată la jumătate.

Acoperiți stratul de dovlecel cu roșii cherry. Umpleți amestecul de ouă peste legumele din tigaie. Se ornează cu nucă și bile de mozzarella.

Treceți la foc mediu. Gătiți până când părțile laterale încep să se întărească. Ridicați frittata cu o spatulă, astfel încât porțiunile nefierte din amestecul de ouă să curgă dedesubt.

Pune tigaia pe gratar. Prăjiți frittata la 10 cm de căldură timp de 5 minute până când blatul se întărește. Înainte de servire, tăiați frittata în felii.

Nutriție (pentru 100g): 284 de calorii 14 g grăsimi 4 g carbohidrați 17 g proteine 788 mg sodiu

Pâine cu banane cu smântână

Timp de preparare: 10 minute

Timp de gătit: 1 oră 10 minute

Porții: 32

Nivel de dificultate: Mediu

Ingrediente:

- zahăr alb (0,25 cană)
- Scorțișoară (1 linguriță + 2 lingurițe)
- Unt (.75)
- zahăr alb (3 căni)
- Ouă (3)
- Banane foarte coapte, piure (6)
- Smântână (recipient de 16 oz)
- Extract de vanilie (2 lingurite)
- Sare (0,5 lingurita)
- bicarbonat de sodiu (3 lingurite)
- Făină universală (4,5 căni)
- Opțional: nuci tocate (1 cană)
- De asemenea, sunt necesare: tăvi pentru pâine de 4 - 7 pe 3 inchi

Directii:

Setați cuptorul la 300°Fahrenheit. Unge formele de pâine.

Cerne zahărul și o linguriță de scorțișoară. Pudrați tava cu amestecul.

Crema untul cu restul de zahar. Se zdrobesc bananele cu ouăle, scorțișoara, vanilia, smântâna, sarea, praful de copt și făina. La sfârșit, aruncați nucile.

Se toarnă amestecul în tigăi. Coaceți-l timp de o oră. servi

Nutriție (pentru 100g): 263 de calorii 10,4 g grăsimi 9 g carbohidrați 3,7 g proteine 633 mg sodiu

Pâine pita de casă

Timp de preparare: 15 minute
Timp de gătit: 5 ore (inclusiv timpii de conducere)
Porții: 7
Nivel de dificultate: Greu

Ingrediente:

- Drojdie uscată (0,25 oz.)
- zahăr (.5 lingurițe)
- Făină de pâine / amestec de grâu integral și grâu integral (2,5 căni + mai mult pentru pudrat)
- Sare (0,5 lingurita)
- Apă (.25 cană sau după nevoie)
- Ulei, dacă este necesar

Directii:

Se dizolvă drojdia și zahărul într-o cană de apă călduță într-un castron mic. Așteptați aproximativ 15 minute (gata când este spumos).

Cerneți făina și sarea într-un alt recipient. Faceți o fântână în centru și adăugați amestecul de drojdie (+) o cană de apă. Framanta aluatul.

Se aseaza pe o suprafata usor infainata si se framanta.

Pune o picătură de ulei în fundul unui bol mare și rulează aluatul pentru a acoperi suprafața.

Pune un prosop umed peste bolul cu aluat. Înfășurați vasul cu o cârpă umedă și puneți-l într-un loc cald timp de cel puțin două ore sau peste noapte. (Aluatul își va dubla volumul).

Tăiați aluatul și frământați pâinea și împărțiți-o în bile mici. Aplatizați bilele în discuri ovale groase.

Pudrați un prosop cu făină și puneți discurile ovale pe el, cu suficient spațiu între discuri. Se presară cu făină și se pune o altă cârpă curată deasupra. Lăsați să crească încă una sau două ore.

Setați cuptorul la 425° Fahrenheit. Puneți mai multe tăvi de copt în cuptor pentru a se încălzi pentru scurt timp. Ungeți ușor tăvile de copt preîncălzite cu ulei și puneți peste ele feliile de pâine ovale.

Stropiți ușor ovalele cu apă și coaceți până se rumenesc ușor sau timp de șase până la opt minute.

Servește-le cât sunt calde. Puneți pâinele pe un grătar și înfășurați într-o cârpă curată și uscată pentru a le păstra moi pentru mai târziu.

Nutriție (pentru 100g): 210 calorii 4 g grăsimi 6 g carbohidrați 6 g proteine 881 mg sodiu

Sandvișuri cu turtă

Timp de preparare: 10 minute
Timp de gătit: 20 de minute
Porții: 6
Nivel de dificultate: Ușor

Ingrediente:

- Ulei de măsline (1 lingură)
- Pilaf cu 7 cereale (pachet de 8,5 oz)
- Castravete englezesc fără semințe (1 cană)
- roșii cu semințe (1 cană)
- Brânză feta mărunțită (0,25 cană)
- Suc proaspăt de lămâie (2 linguri)
- Piper negru proaspăt spart (0,25 linguriță)
- Hummus simplu (container de 7 oz)
- Wrapuri albe din grâu integral (3 @ 2,8 oz. fiecare)

Directii:

Gătiți pilaf-ul conform instrucțiunilor de pe ambalaj și lăsați-l să se răcească.

Tăiați și combinați roșia, castraveții, brânza, uleiul, ardeiul și sucul de lămâie. Îndoiți pilaf.

Terminați wrapurile cu hummus pe o parte. Se pune în pilaf și se îndoiește.

Tăiați într-un sandviș și serviți.

Nutriție (pentru 100g): 310 calorii 9 g grăsimi 8 g carbohidrați 10 g proteine 745 mg sodiu

Plato Mezze Cu Pâine Zaatar Pita Prăjită

Timp de preparare: 10 minute

Timp de gătit: 10 minute

Porții: 4

Nivel de dificultate: Mediu

Ingrediente:

- Pâine pita din grâu integral (4)
- Ulei de măsline (4 linguri)
- Zaatar (4 lingurite)
- iaurt grecesc (1 cană)
- Piper negru și sare Kosher (opțional)
- Hummus (1 cană)
- Inimioare de anghinare marinate (1 cană)
- Măsline asortate (2 căni)
- Ardei roșii tăiați felii (1 cană)
- Roșii cherry (2 căni)
- Salam (4 oz)

Directii:

Utilizați setarea de căldură medie pentru a încălzi o tigaie mare.

Ungeți ușor pâinea pita cu ulei pe fiecare parte și adăugați zaatar pentru a o condimenta.

Pregătiți în loturi adăugând pita într-o tigaie și prăjiți până se rumenește. Durează aproximativ două minute pe fiecare parte. Tăiați fiecare dintre pâinea pita în sferturi.

Asezonați iaurtul cu sare și piper.

Pentru asamblare, împărțiți cartofii și adăugați humusul, iaurtul, inimioarele de anghinare, măslinele, ardeii roșii, roșiile și salamul.

Nutriție (pentru 100g): 731 de calorii 48 g grăsimi 10 g carbohidrați 26 g proteine 632 mg sodiu

Mini shawarma de pui

Timp de preparare: 10 minute
Timp de gătit: 1 oră 15 minute
Porții: 8
Nivel de dificultate: Ușor

Ingrediente:

- <u>Puiul:</u>
  - Muschi de pui (1 lb.)
  - Ulei de măsline (0,25 cană)
  - Lămâie - coajă și suc (1)
  - Chimen (1 lingurita)
  - Pudră de usturoi (2 lingurițe)
  - Boia afumată (.5 lingurițe)
  - Coriandru (.75 linguriță)
  - piper negru proaspăt măcinat (1 linguriță)
- <u>Sosul:</u>
  - iaurt grecesc (1,25 cani)
  - Suc de lamaie (1 lingura)
  - cățel de usturoi ras (1)
  - Mărar proaspăt tocat (2 linguri)
  - Piper negru (.125 linguriță/după gust)
  - sare kosher (după cum se dorește)
  - Pătrunjel proaspăt tocat (0,25 cană)
  - Ceapa rosie (jumatate din 1)

- Salata verde romana (4 frunze)
- castravete englezesc (jumătate din 1)
- roșii (2)
- Mini pita (16)

Directii:

Pune puiul într-o pungă cu fermoar. Bateți fixurile de pui și adăugați-le în pungă pentru a marina timp de până la o oră.

Pregătiți sosul amestecând sucul, usturoiul și iaurtul într-un castron. Se amestecă mărar, pătrunjel, sare și piper. Pune la frigider.

Încinge o tigaie folosind setarea la foc mediu. Scoateți puiul din marinadă (lasați excesul să se scurgă).

Gătiți până când este bine fiert sau aproximativ patru minute pe fiecare parte. Tăiați-o în fâșii de mărimea unei mușcături.

Tăiați castravetele și ceapa în felii subțiri. Tăiați salata verde și tăiați roșiile în bucăți. Strângeți și adăugați la pita - puiul, salata verde, ceapa, roșiile și castraveții.

Nutriție (pentru 100g): 216 calorii 16 g grăsimi 9 g carbohidrați 9 g proteine 745 mg sodiu

Pizza de vinete

Timp de preparare: 10 minute
Timp de gătit: 30 minute
Porții: 6
Nivel de dificultate: Mediu

Ingrediente:

- vinete (1 mare sau 2 medii)
- Ulei de măsline (0,33 cană)
- Piper negru și sare (după dorință)
- Sos Marinara - cumpărat din magazin/de casă (1,25 căni)
- Brânză mozzarella rasă (1,5 căni)
- Roșii cherry (2 căni - tăiate la jumătate)
- Frunze de busuioc rupte (0,5 cană)

Directii:

Încinge cuptorul la 400° Fahrenheit. Pregătiți tava de copt cu un strat de hârtie de copt.

Tăiați capetele vinetei și tăiați-le în felii de 1 inch. Asezati feliile pe foaia pregatita si ungeti ambele parti cu ulei de masline. Se presara cu sare si piper dupa gust.

Prăjiți vinetele până când sunt gata (10 până la 12 min.).

Scoateți foaia de copt din cuptor și adăugați două linguri de sos în fiecare porție. Completați-l cu mozzarella și trei până la cinci bucăți de roșii deasupra.

Se coace până se topeşte brânza. Roşiile ar trebui să înceapă să se formeze în aproximativ cinci până la şapte minute.

Scoateţi vasul din cuptor. Se serveste si se orneaza busuiocul.

Nutriţie (pentru 100g): 257 calorii 20 g grăsimi 11 g carbohidraţi 8 g proteine 789 mg sodiu

Pizza mediteraneană integrală

Timp de preparare: 10 minute
Timp de gătit: 25 de minute
Porții: 4
Nivel de dificultate: Ușor

Ingrediente:

- Baza de pizza din grau integral (1)
- Pesto de busuioc (borcan de 4 oz)
- Inimioare de anghinare (0,5 cană)
- măsline Kalamata (2 linguri)
- Pepperoncini (2 linguri scurse)
- Brânză feta (.25 cană)

Directii:

Programați cuptorul la 450° Fahrenheit.

Scurgeți și rupeți anghinarea în bucăți. Tăiați/tăiați pepperoncini și măslinele.

Așezați baza de pizza pe o suprafață de lucru cu făină și acoperiți cu pesto. Împărțiți anghinarea, feliile de pepperoncini și măslinele peste pizza. La final, maruntiti si adaugati feta.

Se coace 10-12 minute. servi.

Nutriție (pentru 100g): 277 Calorii 18,6 g Grasimi 8 g Carbohidrati 9,7 g Proteine 841 mg Sodiu

Spanac & Feta Coace Pita

Timp de preparare: 5 minute

Timp de gătit: 22 de minute

Porții: 6

Nivel de dificultate: Greu

Ingrediente:

- Pesto de roșii uscate (cudă de 6 oz)
- Roma - roșii prune (2 bucăți)
- Pâine pita din grâu integral (șase 6 inci)
- Spanac (1 buchet)
- Ciuperci (4 felii)
- Parmezan ras (2 linguri)
- Brânză feta mărunțită (0,5 cană)
- Ulei de măsline (3 linguri)
- Piper negru (după dorință)

Directii:

Setați cuptorul la 350° Fahrenheit.

Întindeți pesto pe o parte a fiecărei pâine pita și puneți-l pe o tavă de copt (partea pesto în sus).

Clătiți și tocați spanacul. Acoperiți pâinea pita cu spanac, ciuperci, roșii, brânză feta, piper, parmezan, piper și un strop de ulei.

Coaceți în cuptorul încins până când pâinea pita devine crocantă (12 min.). Tăiați pâinea pita în sferturi.

Nutriție (pentru 100g): 350 de calorii 17,1 g grăsimi 9 g carbohidrați 11,6 g proteine 712 mg sodiu

Pepene verde Feta și pizza balsamică

Timp de preparare: 10 minute
Timp de gătit: 15 minute
Porții: 4
Nivel de dificultate: Ușor

Ingrediente:

- Pepene verde (1 inch grosime de la centru)
- brânză feta mărunțită (1 oz.)
- Măsline Kalamata feliate (5-6)
- frunze de mentă (1 linguriță)
- Glazura balsamic (0,5 linguri)

Directii:

Tăiați cea mai largă parte a pepenelui în jumătate. Apoi tăiați fiecare jumătate în patru felii.

Serviți pe o tavă rotundă pentru tort, cum ar fi o pizza rotundă și acoperiți cu măsline, brânză, frunze de mentă și glazură.

Nutriție (pentru 100g): 90 de calorii 3 g grăsimi 4 g carbohidrați 2 g proteine 761 mg sodiu

Hamburger cu condimente amestecate

Timp de preparare: 10 minute
Timp de gătit: 30 minute
Porții: 6
Nivel de dificultate: Mediu

Ingrediente:

- ceapa medie (1)
- Pătrunjel proaspăt (3 linguri)
- cățel de usturoi (1)
- Ienibahar măcinat (.75 linguriță)
- Piper (.75 linguriță)
- Nucșoară măcinată (0,25 linguriță)
- Scorțișoară (0,5 linguriță)
- Sare (0,5 lingurita)
- Menta proaspata (2 linguri)
- 90% carne de vită macră tocată (1,5 lb.)
- Opțional: Sos Tzatziki rece

Directii:

Tocați/toamă mărunt pătrunjelul, menta, usturoiul și ceapa.

Se amestecă nucșoara, sarea, scorțișoara, piperul, ienibaharul, usturoiul, menta, pătrunjelul și ceapa.

Adăugați carnea de vită și pregătiți șase (6) chifle alungite de 2x4 inci.

Folosiți setarea de căldură medie pentru a grătar chiftelele sau la grătar 6 minute pe fiecare parte la 10 cm de căldură.

Când sunt gata, termometrul pentru carne va înregistra 160° Fahrenheit. Serviți cu sos dacă doriți.

Nutriție (pentru 100g): 231 de calorii 9 g grăsimi 10 g carbohidrați 32 g proteine 811 mg sodiu

Prosciutto - Salată verde - Sandvișuri cu roșii și avocado

Timp de preparare: 10 minute
Timp de gătit: 10 minute
Porții: 4
Nivel de dificultate: Ușor

Ingrediente:

- Prosciutto (2 oz./8 felii subțiri)
- avocado copt (1 tăiat în jumătate)
- Salata verde romana (4 frunze pline)
- Roșii mari coapte (1)
- Felii de pâine integrală sau integrală (8)
- Piper negru și sare cușer (0,25 linguriță)

Directii:

Rupeți frunzele de salată în opt bucăți (în total). Tăiați roșia în opt rondele. Pâinea se prăjește și se pune pe o farfurie.

Răzuiți pulpa de avocado de pe piele și aruncați-o într-un castron. Se presară ușor cu sare și piper. Bateți sau zdrobiți avocado până devine cremos. Împărțiți peste pâine.

Fa un sandvis. Luați o felie de pâine prăjită cu avocado; acoperiți-l cu o frunză de salată verde, o felie de prosciutto și o felie de roșie. Acoperiți cu o altă felie de roșii salată verde și continuați.

Repetați procesul până când toate ingredientele sunt epuizate.

Nutriție (pentru 100g): 240 de calorii 9 g grăsimi 8 g carbohidrați 12 g proteine 811 mg sodiu

Plăcintă cu spanac

Timp de preparare: 10 minute
Timp de gătit: 60 de minute
Porții: 6
Nivel de dificultate: Mediu

Ingrediente:

- unt topit (0,5 cană)
- Spanac congelat (10 oz. pachet)
- Pătrunjel proaspăt (0,5 cană)
- Ceapa verde (0,5 cana)
- Mărar proaspăt (0,5 cană)
- Brânză feta mărunțită (0,5 cană)
- Cremă de brânză (4 oz)
- Brânză de vaci (4 oz)
- Parmezan (2 linguri - ras)
- Ouă mari (2)
- Piper si sare (dupa dorinta)
- Filo de patiserie (40 foi)

Directii:

Preîncălziți cuptorul la 350° Fahrenheit.

Tocați/mărunțiți ceapa, mararul și pătrunjelul. Dezghețați spanacul și foile de aluat. Uscați spanacul storcându-l.

Combinați spanacul, ceaiul verde, ouăle, brânza, pătrunjelul, mararul, sare și piper într-un blender până devine cremos.

Pregătiți triunghiurile mici de aluat filo umplându-le cu o linguriță de amestec de spanac.

Ungeți ușor exteriorul triunghiurilor cu unt și puneți cusătura în jos pe o tavă de copt neunsă.

Se da la cuptorul incalzit sa se coaca pana devine maro auriu si umflat (20-25 minute). Serviți fierbinte.

Nutriție (pentru 100g): 555 de calorii 21,3 g grăsimi 15 g carbohidrați 18,1 g proteine 681 mg sodiu

burgeri de pui cu feta

Timp de preparare: 10 minute
Timp de gătit: 30 minute
Porții: 6
Nivel de dificultate: Mediu

Ingrediente:

- ¼ cană maioneză cu conținut scăzut de grăsimi
- ¼ cană castraveți tocați mărunt
- ¼ lingurita piper negru
- 1 lingurita praf de usturoi
- ½ cană ardei roșu dulce prăjit tocat
- ½ linguriță de condimente grecești
- 1,5 lb. Pui măcinat slab
- 1 cană brânză feta mărunțită
- 6 chifle de burger din grau integral

Directii:

Preîncălziți grătarul în cuptor în avans. Se amestecă maioneza și castraveții. Pune deoparte.

Combinați fiecare dintre condimente și ardeiul roșu pentru burgeri. Se amestecă bine puiul și brânza. Modelați amestecul în chiftelute groase de 6 ½ inci.

Gătiți burgerii într-un grătar și puneți-i la aproximativ patru inci de sursa de căldură. Gatiti pana cand termometrul atinge 165° Fahrenheit.

Serviți cu chifle și sos de castraveți. Decorați cu roșii și salată verde dacă doriți și serviți.

Nutriție (pentru 100g): 356 de calorii 14 g grăsimi 10 g carbohidrați 31 g proteine 691 mg sodiu

Carne de porc la gratar pentru tacos

Timp de preparare: 10 minute
Timp de gătit: 1 oră 15 minute
Porții: 6
Nivel de dificultate: Mediu

Ingrediente:

- Friptură de umăr de porc (4 lb.)
- Ardei iute verzi tăiați cubulețe (cutii de 2 - 4 oz)
- Pudră de chili (0,25 cană)
- oregano uscat (1 lingura)
- Condimente pentru taco (1 lingurita)
- Usturoi (2 linguri)
- Sare (1,5 linguriță sau după dorință)

Directii:

Setați cuptorul la 300 de grade Fahrenheit.

Pune friptura pe o foaie mare de folie de aluminiu.

Scurgeți ardeii iute. Tocați mărunt usturoiul.

Amestecați ardeiul verde, condimentele pentru taco, pudra de chili, oregano și usturoiul. Frecați amestecul peste friptură și acoperiți cu un strat de folie.

Puneți carnea de porc învelită pe un grătar peste o foaie de copt pentru a prinde eventualele scurgeri.

Prăjiți-l în cuptorul încins timp de 3,5 până la 4 ore până se destramă. Gătiți până când centrul atinge cel puțin 145 ° Fahrenheit atunci când este testat cu un termometru pentru carne (temperatura internă).

Transferați friptura într-un bloc de tocat pentru a se sfărâma în bucăți mici cu două furculițe. Condimentează-l după bunul plac.

Nutriție (pentru 100g): 290 calorii 17,6 g grăsimi 12 g carbohidrați 25,3 g proteine 471 mg sodiu

Plăcintă cu mere italiană - ulei de măsline

Timp de preparare: 10 minute
Timp de gătit: 1 oră 10 minute
Porții: 12
Nivel de dificultate: Mediu

Ingrediente:

- mere Gala (2 mari)
- Suc de portocale - pentru înmuierea merelor
- făină universală (3 căni)
- Scorțișoară măcinată (0,5 linguriță)
- Nucșoară (0,5 linguriță)
- Praf de copt (1 lingurita)
- bicarbonat de sodiu (1 lingurita)
- zahăr (1 cană)
- Ulei de măsline (1 cană)
- Ouă mari (2)
- Stafide aurii (0,66 cană)
- Zahăr cofetar - pentru praf
- De asemenea, este necesară: tavă de copt de 9 inchi

Directii:

Curățați și tocați mărunt merele. Stropiți merele cu suficient suc de portocale pentru a preveni rumenirea.

Înmuiați stafidele în apă caldă timp de 15 minute și scurgeți bine.

Cerne praful de copt, faina, praful de copt, scortisoara si nucsoara. Pune-o deoparte pentru moment.

Turnați uleiul de măsline și zahărul în vasul unui mixer cu stand. Se amestecă la foc mic timp de 2 minute sau până se omogenizează bine.

Se amestecă în timp ce rulează, se sparg ouăle pe rând și se amestecă în continuare încă 2 minute. Amestecul ar trebui să crească în volum; ar trebui să fie groasă - nu curgătoare.

Combinați bine toate ingredientele. Faceți o gaură în centrul amestecului de făină și adăugați amestecul de măsline și zahăr.

Scoateți merele din excesul de suc și scurgeți stafidele înmuiate. Adaugă-le împreună cu aluatul, amestecând bine.

Pregătiți tava de copt cu hârtie de copt. Transferați aluatul în tigaie și neteziți-l cu dosul unei linguri de lemn.

Coaceți-l la 350° Fahrenheit timp de 45 de minute.

Când este gata, scoateți tortul de pe hârtie de copt și puneți-l într-un bol de servire. Pudrați cu zahăr cofetar. Se încălzește mierea neagră pentru a decora blatul.

Nutriție (pentru 100g): 294 de calorii 11 g grăsimi 9 g carbohidrați 5,3 g proteine 691 mg sodiu

Tilapia rapidă cu ceapă roșie și avocado

Timp de preparare: 10 minute
Timp de gătit: 5 minute
Porții: 4
Nivel de dificultate: Mediu

Ingrediente:

- 1 lingura ulei de masline extravirgin
- 1 lingura suc de portocale proaspat stors
- ¼ linguriță cușer sau sare de mare
- 4 (4 uncii) file de tilapia, mai degrabă alungite decât pătrate, decojite sau decojite
- ¼ cana ceapa rosie tocata
- 1 avocado

Directii:

Combinați uleiul, sucul de portocale și sarea într-un vas de plăcintă de sticlă de 9 inci. Lucrați fileurile în același timp, puneți fiecare în tava de plăcintă și periați pe toate părțile. Modelați fileurile într-o formație de roată de vagon. Pune 1 lingură de ceapă pe fiecare file și îndoiește capătul fileului atârnat peste margine în jumătate peste ceapă. Când ați terminat, ar trebui să aveți 4 fileuri pliate cu pliul pe marginea exterioară a vasului și capetele toate în mijloc.

Înveliți vasul în plastic, lăsând o mică deschidere la margine pentru a lăsa aburul să iasă. Gatiti la foc mare in cuptorul cu microunde aproximativ 3 minute. Când este gata, ar trebui să se separe în fulgi (bucăți) atunci când este presat ușor cu o furculiță. Se ornează fileurile cu avocado și se servește.

Nutriție (pentru 100g): 200 de calorii 3 g grăsimi 4 g carbohidrați 22 g proteine 811 mg sodiu

Pește la grătar pe lămâi

Timp de preparare: 10 minute
Timp de gătit: 10 minute
Porții: 4
Nivel de dificultate: Greu

Ingrediente:

- 4 fileuri de pește (4 uncii).
- Spray de gătit cu strat antiaderent
- 3 până la 4 lămâi medii
- 1 lingura ulei de masline extravirgin
- ¼ de lingurita piper negru proaspat macinat
- ¼ linguriță cușer sau sare de mare

Directii:

Uscați fileurile cu hârtie de bucătărie și lăsați-le să stea la temperatura camerei timp de 10 minute. Între timp, ungeți grătarul de gătit rece al grătarului cu spray de gătit antiaderent și preîncălziți grătarul la 400 ° F sau la foc mediu.

Tăiați o lămâie în jumătate și puneți jumătate deoparte. Tăiați jumătatea rămasă din acea lămâie și lămâile rămase în felii groase de 1 inch. (Ar trebui să aveți aproximativ 12 până la 16 felii de lămâie.) Într-un castron mic, stoarceți 1 lingură de suc din jumătatea de lămâie rezervată.

Adăugați uleiul în vasul cu zeama de lămâie și amestecați bine. Ungeți pe ambele părți ale peștelui cu amestecul de ulei și stropiți uniform cu sare și piper.

Așezați cu grijă feliile de lămâie pe grătar (sau tigaie pentru grătar), aranjați împreună 3 până la 4 felii în formă de file de pește și repetați cu feliile rămase. Așezați fileurile de pește direct deasupra feliilor de lămâie și puneți la grătar cu capacul închis. (Dacă gătiți la grătar pe plită, acoperiți cu un capac mare de oală sau folie de aluminiu.) Întoarceți peștele la jumătatea timpului de gătire numai dacă fileurile au o grosime mai mare de un inch. Se termină când începe să se separe în fulgi când este apăsat ușor cu o furculiță.

Nutriție (pentru 100g): 147 de calorii 5g grăsimi 1g carbohidrați 22g proteine 917mg sodiu

Cină de pește cu cearșaf în timpul săptămânii

Timp de preparare: 10 minute
Timp de gătit: 10 minute
Porții: 4
Nivel de dificultate: Mediu

Ingrediente:

- Spray de gătit cu strat antiaderent
- 2 linguri ulei de masline extravirgin
- 1 lingura otet balsamic
- 4 (4 uncii) file de pește (½ inch grosime)
- 2½ căni de fasole verde
- 1 litru de roșii cherry sau struguri

Directii:

Preîncălziți cuptorul la 400 ° F. Ungeți două foi de copt mari, cu margini, cu spray de gătit antiadeziv. Într-un castron mic, amestecați uleiul și oțetul. Pune deoparte. Pune două bucăți de pește pe fiecare tavă de copt.

Combinați fasolea și roșiile într-un castron mare. Se toarnă uleiul și oțetul și se amestecă ușor. Se toarnă jumătate din amestecul de fasole verde peste pește pe o tavă și jumătatea rămasă peste pește pe cealaltă. Întoarceți peștele și frecați-l în amestecul de ulei pentru a-l acoperi. Așezați legumele uniform pe tăvile de copt, astfel încât aerul fierbinte să poată circula în jurul lor.

Gatiti pana cand pestele este doar opac. Este gata când tocmai începe să se destrame când îl înțepi ușor cu o furculiță.

Nutriție (pentru 100g): 193 calorii 8 g grăsimi 3 g carbohidrați 23 g proteine 811 mg sodiu

Bețișoare crocante de pește cu mămăligă

Timp de preparare: 10 minute
Timp de gătit: 15 minute
Porții: 4
Nivel de dificultate: Greu

Ingrediente:

- 2 oua mari, batute usor
- 1 lingura de lapte 2%.
- File de pește cu piele de 1 kg tăiate în 20 de fâșii (1 inch lățime)
- ½ cană făină de porumb galbenă
- ½ cană de pesmet panko din grâu integral
- ¼ lingurita boia afumata
- ¼ linguriță cușer sau sare de mare
- ¼ de lingurita piper negru proaspat macinat
- Spray de gătit cu strat antiaderent

Directii:

Pune o tavă mare, cu ramă, în cuptor. Preîncălziți cuptorul la 400 ° F cu tava înăuntru. Se amestecă ouăle și laptele într-un castron mare. Folosind o furculiță, adăugați fâșiile de pește în amestecul de ouă și amestecați ușor pentru a se acoperi.

Puneți făina de porumb, pesmetul, boia de ardei afumată, sare și piper într-o pungă de plastic cu fermoar. Transferați peștele în pungă cu o furculiță sau clești, lăsând excesul de spălat de ouă să picure în bol înainte de a fi transferat. Închideți strâns și agitați ușor pentru a acoperi complet fiecare deget de pește.

Folosind mănuși de cuptor, scoateți cu grijă tava fierbinte de copt din cuptor și stropiți cu spray de gătit antiaderent. Folosind o furculiță sau un clește, scoateți degetele de pește din pungă și așezați-le pe tava de copt fierbinte, lăsând spațiu între ele pentru a permite aerului fierbinte să circule și să le crocante. Gătiți timp de 5 până la 8 minute, până când o apăsare ușoară cu o furculiță fulge peștele și serviți.

Nutriție (pentru 100g): 256 de calorii 6 g grăsimi 2 g carbohidrați 29 g proteine 667 mg sodiu

Cina din tigaie cu somon

Timp de preparare: 15 minute
Timp de gătit: 15 minute
Porții: 4
Nivel de dificultate: Mediu

Ingrediente:

- 1 lingura ulei de masline extravirgin
- 2 catei de usturoi tocati marunt
- 1 lingurita boia afumata
- 1 litru de struguri sau roșii cherry, tăiate în patru
- 1 borcan (12 uncii) de ardei roșii prăjiți
- 1 lingura de apa
- ¼ de lingurita piper negru proaspat macinat
- ¼ linguriță cușer sau sare de mare
- Fileuri de somon de 1 kg, fără piele, tăiate în 8 bucăți
- 1 lingură suc de lămâie proaspăt stors (de la ½ lămâie medie)

Directii:

Încinge uleiul într-o tigaie la foc mediu. Se amestecă usturoiul și boiaua afumată și se fierbe timp de 1 minut, amestecând des. Se amestecă roșiile, ardeii prăjiți, apa, piper negru și sarea. Dați focul la mediu, aduceți la fiert și gătiți timp de 3 minute și zdrobiți roșiile până la sfârșitul timpului de gătire.

Puneți somonul în tigaie și stropiți peste el puțin sos. Acoperiți și gătiți timp de 10 până la 12 minute (145 ° F folosind un termometru pentru carne), abia începând să se descuie.

Se ia tigaia de pe foc si se presara peste peste peste zeama de lamaie. Amestecați prin sos și tăiați somonul în cuburi. servi.

Nutriție (pentru 100g): 289 calorii 13 g grăsimi 2 g carbohidrați 31 g proteine 581 mg sodiu

Burgeri cu ton și dovlecel toscan

Timp de preparare: 10 minute
Timp de gătit: 30 minute
Porții: 4
Nivel de dificultate: Mediu

Ingrediente:

- 3 felii de paine de sandvici din grau integral, prajita
- 2 conserve (5 uncii) de ton în ulei de măsline
- 1 cană de dovlecel mărunțit
- 1 ou mare, bătut ușor
- ¼ cană ardei gras roșu tăiat cubulețe
- 1 lingura oregano uscat
- 1 lingurita coaja de lamaie
- ¼ de lingurita piper negru proaspat macinat
- ¼ linguriță cușer sau sare de mare
- 1 lingura ulei de masline extravirgin
- Salată verde sau 4 chifle din grâu integral, de servit (opțional)

Directii:

Fărâmițează pâinea prăjită în pesmet cu degetele (sau folosește un cuțit pentru a tăia cubulețe de 1 inch) până când obțineți 1 cană de pesmet. Turnați firimiturile într-un castron mare. Adăugați tonul, dovlecelul, oul, boia de ardei, oregano, coaja de lămâie, piper negru și sare. Se amestecă bine cu o furculiță. Împărțiți amestecul în patru chifle (de dimensiunea unei jumătăți de ceașcă). Puneți pe o farfurie și aplatizați fiecare chiflă la aproximativ ¾ inch grosime.

Încinge uleiul într-o tigaie la foc mediu. Adăugați chiftelele în uleiul încins, apoi reduceți focul la mic. Prăjiți chiftelele timp de 5 minute, răsturnați-le cu o spatulă și gătiți încă 5 minute. Savurați ca atare sau serviți pe salată verde sau sandvișuri cu cereale integrale.

Nutriție (pentru 100g): 191 de calorii 10 g grăsimi 2 g carbohidrați 15 g proteine 661 mg sodiu

Bol siciliană cu varză și ton

Timp de preparare: 15 minute
Timp de gătit: 15 minute
Porții: 6
Nivel de dificultate: Mediu

Ingrediente:

- 1 kilogram de kale
- 3 linguri ulei de masline extravirgin
- 1 cană ceapă tocată
- 3 catei de usturoi, tocati
- 1 conserve (2,25 uncii) de măsline feliate, scurse
- ¼ cană capere
- ¼ lingurita de ardei rosu
- 2 lingurite de zahar
- 2 conserve (6 uncii) de ton în ulei de măsline
- 1 conserve (15 uncii) de fasole cannellini
- ¼ lingurita piper negru macinat
- ¼ linguriță cușer sau sare de mare

Directii:

Se fierbe trei sferturi cu apă într-o oală de supă. Se amestecă varza și se fierbe timp de 2 minute. Strecurați varza cu o strecurătoare și lăsați-o deoparte.

Puneți oala goală pe aragaz la foc mediu și adăugați uleiul. Amestecați ceapa și gătiți timp de 4 minute, amestecând continuu. Adăugați usturoiul și gătiți timp de 1 minut. Acoperiți cu măsline, capere și ardei roșu zdrobit și gătiți timp de 1 minut. La final, adăugați varza parțial fiartă și zahărul, amestecând până când varza este acoperită complet cu ulei. Închideți tigaia și gătiți timp de 8 minute.

Scoateți varza de pe foc, adăugați tonul, fasolea, sare și piper și serviți.

Nutriție (pentru 100g): 265 de calorii 12 g grăsimi 7 g carbohidrați 16 g proteine 715 mg sodiu

Tocană de cod mediteranean

Timp de preparare: 10 minute
Timp de gătit: 20 de minute
Porții: 6
Nivel de dificultate: Mediu

Ingrediente:

- 2 linguri ulei de masline extravirgin
- 2 cani de ceapa tocata
- 2 catei de usturoi, tocati
- ¾ lingurita boia afumata
- 1 cutie (14,5 uncii) de roșii tăiate cubulețe, nescurcate
- 1 borcan (12 uncii) de ardei roșii prăjiți
- 1 cană măsline feliate, verzi sau negre
- 1/3 cană vin roșu uscat
- ¼ de lingurita piper negru proaspat macinat
- ¼ linguriță cușer sau sare de mare
- 1½ kg file de cod, tăiate în bucăți de 1 inch
- 3 cani de ciuperci feliate

Directii:

Se fierbe uleiul într-o oală de supă. Amestecați ceapa și gătiți timp de 4 minute, amestecând din când în când. Se amestecă usturoiul și boiaua afumată și se fierbe timp de 1 minut, amestecând des.

Amestecați roșiile cu sucul lor, ardeii prăjiți, măslinele, vinul, sare și piper și dați focul la mediu. Se aduce la fierbere. Adaugam codul si ciupercile si reducem focul.

Gatiti aproximativ 10 minute, amestecand din cand in cand, pana cand codul este fiert si se fulge usor, apoi serviti.

Nutriție (pentru 100g): 220 de calorii 8 g grăsimi 3 g carbohidrați 28 g proteine 583 mg sodiu

Midii la abur în sos de vin alb

Timp de preparare: 5 minute
Timp de gătit: 10 minute
Porții: 4
Nivel de dificultate: Greu

Ingrediente:

- 2 kg scoici mici
- 1 lingura ulei de masline extravirgin
- 1 cană ceapă roșie feliată subțire
- 3 catei de usturoi, taiati felii
- 1 cană de vin alb sec
- 2 (¼ inch grosime) felii de lămâie
- ¼ de lingurita piper negru proaspat macinat
- ¼ linguriță cușer sau sare de mare
- Roți proaspete de lămâie, pentru servire (opțional)

Directii:

Într-o strecurătoare mare în chiuvetă, puneți apă rece peste midii (dar nu lăsați scobiile să stea în apă stătătoare). Toate cochiliile trebuie să fie bine închise; aruncați toate cojile care sunt ușor deschise sau crăpate. Lăsați scoicile în strecurătoare până sunt gata de utilizare.

Într-o tigaie mare se fierbe uleiul. Amestecați ceapa și gătiți timp de 4 minute, amestecând din când în când. Adăugați usturoiul și gătiți timp de 1 minut, amestecând continuu. Adăugați vinul, feliile de lămâie, sare și piper și aduceți la fiert. Se fierbe 2 minute.

Adăugați midiile și acoperiți. Gatiti pana cand scoicile isi deschid cojile. Agitați ușor tigaia de două sau de trei ori în timp ce se gătesc.

Toate cochiliile ar trebui să fie acum larg deschise. Aruncați toate scoicile care sunt încă închise cu o lingură cu fantă. Pune midiile deschise într-un vas de servire puțin adânc și se toarnă peste bulion. Serviți cu felii suplimentare de lămâie proaspătă, dacă doriți.

Nutriție (pentru 100g): 222 de calorii 7 g grăsimi 1 g carbohidrați 18 g proteine 708 mg sodiu

Creveți cu portocale și usturoi

Timp de preparare: 20 minute
Timp de gătit: 10 minute
Porții: 6
Nivel de dificultate: Greu

Ingrediente:

- 1 portocală mare
- 3 linguri ulei de măsline extravirgin, împărțit
- 1 lingura rozmarin proaspat tocat
- 1 lingura de cimbru proaspat tocat
- 3 căței de usturoi, tocați (aproximativ 1½ linguriță)
- ¼ de lingurita piper negru proaspat macinat
- ¼ linguriță cușer sau sare de mare
- 1½ kilograme de creveți cruzi proaspeți, scoici și cozile îndepărtate

Directii:

Răziți toată portocala cu o răzătoare de citrice. Se amestecă coaja de portocală și 2 linguri de ulei cu rozmarinul, cimbrul, usturoiul, sare și piper. Se amestecă creveții, se închide punga și se masează ușor creveții până când toate ingredientele sunt combinate și creveții sunt acoperiți complet de condimente. Pune deoparte.

Încingeți un grătar, o tigaie sau o tigaie mare la foc mediu. Ungeți sau amestecați cu 1 lingură de ulei rămasă. Adăugați jumătate de creveți și gătiți 4 până la 6 minute sau până când creveții devin roz și albi, răsturnând la jumătate dacă sunt pe grătar sau amestecând în fiecare minut dacă sunt în tigaie. Transferați creveții într-un castron mare de servire. Repetați și puneți-le în bol.

În timp ce se gătesc creveții, curățați portocala și tăiați carnea în bucăți mici. Se pune in vasul de servire si se amesteca cu crevetii fierti. Se serveste imediat sau se da la frigider si se serveste rece.

Nutriție (pentru 100g): 190 de calorii 8g grăsimi 1g carbohidrați 24g proteine 647mg sodiu

Gnocchi cu creveți prăjiți

Timp de preparare: 10 minute
Timp de gătit: 20 de minute
Porții: 4
Nivel de dificultate: Mediu

Ingrediente:

- 1 cană roșii proaspete tocate
- 2 linguri ulei de masline extravirgin
- 2 catei de usturoi, tocati
- ½ linguriță piper negru proaspăt măcinat
- ¼ lingurita de ardei rosu macinat
- 1 borcan (12 uncii) de ardei roșii prăjiți
- 1 kilogram de creveți cruzi proaspeți, scoici și cozile îndepărtate
- 1 kilogram de gnocchi congelați (nedezghețați)
- ½ cană de brânză feta tăiată cubulețe
- 1/3 cană frunze de busuioc proaspăt rupte

Directii:

Preîncălziți cuptorul la 425 ° F. Într-o tavă de copt, combinați roșiile, uleiul, usturoiul, piper negru și ardeiul roșu zdrobit. Se coace la cuptor timp de 10 minute.

Se amestecă ardeii prăjiți și creveții. Prăjiți încă 10 minute, până când creveții devin roz și albi.

În timp ce creveții se gătesc, gătiți gnocchi pe aragaz conform instrucțiunilor de pe ambalaj. Se scurge intr-o strecuratoare si se tine la cald. Scoateți vasul din cuptor. Se amestecă gnocchi fierte, feta și busuioc și se servesc.

Nutriție (pentru 100g): 277 calorii 7 g grăsimi 1 g carbohidrați 20 g proteine 711 mg sodiu

Puttanesca de Creveți Picanți

Timp de preparare: 5 minute
Timp de gătit: 15 minute
Porții: 4
Nivel de dificultate: Mediu

Ingrediente:

- 2 linguri ulei de masline extravirgin
- 3 fileuri de hamsii, scurse si tocate
- 3 catei de usturoi, tocati
- ½ linguriță de ardei roșu măcinat
- 1 cutie (14,5 uncii) de roșii tăiate cubulețe cu conținut scăzut de sodiu sau fără sare, nescurcate
- 1 conserve (2,25 uncii) de măsline negre
- 2 linguri de capere
- 1 lingura oregano proaspat tocat
- 1 kilogram de creveți cruzi proaspeți, scoici și cozile îndepărtate

Directii:

Se fierbe uleiul la foc mediu. Amestecați anșoa, usturoiul și ardeiul roșu măcinat. Se fierbe timp de 3 minute, amestecand des si se pasa hamsiile cu o lingura de lemn pana se topesc in ulei.

Se amestecă roșiile cu sucul lor, măslinele, caperele și oregano. Dați focul la mediu și aduceți la fierbere.

Când sosul clocotește ușor, amestecați creveții. Selectați focul la mediu și gătiți creveții până devin roz și albi și serviți.

Nutriție (pentru 100g): 214 calorii 10 g grăsimi 2 g carbohidrați 26 g proteine 591 mg sodiu

Sandvișuri italiene cu ton

Timp de preparare: 10 minute
Timp de gătit: 0 minute
Porții: 4
Nivel de dificultate: Ușor

Ingrediente:

- 3 linguri de suc de lamaie proaspat stors
- 2 linguri ulei de masline extravirgin
- 1 cățel de usturoi, tocat
- ½ linguriță piper negru proaspăt măcinat
- 2 conserve (5 uncii) de ton, scurse
- 1 cutie (2,25 uncii) de măsline feliate
- ½ cană de fenicul proaspăt tocat, inclusiv frunzele
- 8 felii de pâine integrală

Directii:

Combinați sucul de lămâie, uleiul, usturoiul și piperul. Adăugați tonul, măslinele și feniculul. Folosiți o furculiță pentru a separa tonul și amestecați pentru a combina toate ingredientele.

Împărțiți uniform salata de ton peste 4 felii de pâine. Acoperiți fiecare cu feliile de pâine rămase. Lăsați sandvișurile să se odihnească timp de cel puțin 5 minute pentru a lăsa umplutura picant să se înmoaie în pâine înainte de servire.

Nutriție (pentru 100g): 347 de calorii 17 g grăsimi 5 g carbohidrați 25 g proteine 447 mg sodiu

Salată cu somon și mărar

Timp de preparare: 10 minute
Timp de gătit: 10 minute
Porții: 6
Nivel de dificultate: Ușor

Ingrediente:

- File de somon de 1 kg, fiert și fulgi
- ½ cană morcov tăiat cubulețe
- ½ cană de țelină tăiată cubulețe
- 3 linguri mărar proaspăt tocat
- 3 linguri ceapa rosie tocata
- 2 linguri de capere
- 1½ lingurita ulei de masline extravirgin
- 1 lingura otet balsamic invechit
- ½ linguriță piper negru proaspăt măcinat
- ¼ linguriță cușer sau sare de mare
- 4 împachetări din grâu integral sau tortilla moale din grâu integral

Directii:

Combinați somonul, morcovii, țelina, mărarul, ceapa roșie, caperele, uleiul, oțetul, sare și piper. Împărțiți salata de somon peste pâine. Îndoiți partea de jos a pâinii, rulați folia și serviți.

Nutriție (pentru 100g): 336 de calorii 16 g grăsimi 5 g carbohidrați 32 g proteine 884 mg sodiu

Placintă cu pizza cu scoici albe

Timp de preparare: 10 minute
Timp de gătit: 20 de minute
Porții: 4
Nivel de dificultate: Greu

Ingrediente:

- 1 kilogram de aluat de pizza proaspăt refrigerat
- Spray de gătit cu strat antiaderent
- 2 linguri ulei de măsline extravirgin, împărțit
- 2 căței de usturoi, tocați (aproximativ 1 linguriță)
- ½ linguriță de ardei roșu măcinat
- 1 cutie (10 uncii) de scoici întregi, scurse
- ¼ cană vin alb sec
- Făină universală, pentru pudrat
- 1 cană de brânză mozzarella tăiată cubulețe
- 1 lingura Pecorino Romano sau parmezan ras
- 1 lingură pătrunjel plat (italian) proaspăt tocat

Directii:

Preîncălziți cuptorul la 500 ° F. Ungeți tava de copt mare, cu margini, cu spray de gătit antiaderent.

Într-o tigaie mare, fierbeți 1½ linguriță de ulei. Adăugați usturoiul și ardeiul roșu zdrobit și gătiți timp de 1 minut, amestecând des pentru a preveni arderea usturoiului. Adăugați sucul de midii rezervat și vinul. Se aduce la fierbere la foc mare. Reduceți focul, astfel încât sosul să fiarbă și gătiți timp de 10 minute, amestecând din când în când. Sosul se va reduce și se va îngroșa.

Adăugați midiile și gătiți timp de 3 minute, amestecând din când în când. În timp ce sosul se gătește, pe o suprafață ușor înfăinată, modelați aluatul de pizza într-un cerc de 12 inchi sau într-un dreptunghi de 10 pe 12 inci cu un sucitor sau întinzându-vă cu mâinile. Pune aluatul pe foaia de copt pregătită. Ungeți aluatul cu jumătate de lingură de ulei rămasă. Dați deoparte până când sosul de midii este gata.

Întindeți sosul de scoici peste aluatul pregătit la ½ inch de margine. Se presara cu mozzarella si se presara cu Pecorino Romano.

Coaceți timp de 10 minute. Scoateți pizza din cuptor și puneți-o pe o masă de tăiat de lemn. Se presară pătrunjel, se taie în opt bucăți cu un tăietor de pizza sau cu un cuțit ascuțit și se servește.

Nutriție (pentru 100g): 541 de calorii 21 g grăsimi 1 g carbohidrați 32 g proteine 688 mg sodiu

Fasole la cuptor Faina de peste

Timp de preparare: 10 minute
Timp de gătit: 10 minute
Porții: 4
Nivel de dificultate: Ușor

Ingrediente:

- 1 lingura otet balsamic
- 2 ½ cani de fasole verde
- 1 litru de roșii cherry sau struguri
- 4 (4 uncii fiecare) file de pește, cum ar fi cod sau tilapia
- 2 linguri de ulei de măsline

Directii:

Preîncălziți cuptorul la 400 de grade. Ungeți două tăvi de copt cu puțin ulei de măsline sau spray de ulei de măsline. Pe fiecare foaie se aseaza cate 2 fileuri de peste. Se toarnă ulei de măsline și oțet într-un bol de amestecare. Se amestecă pentru a se amesteca bine.

Amestecați fasolea verde și roșiile. Se amestecă pentru a se amesteca bine. Combinați bine ambele amestecuri. Adăugați amestecul uniform peste fileurile de pește. Gatiti 6-8 minute, pana cand pestele este opac si se fulge usor. Serviți cald.

Nutriție (pentru 100g): 229 calorii 13 g grăsimi 8 g carbohidrați 2,5 g proteine 559 mg sodiu

Tocană de cod cu ciuperci

Timp de preparare: 10 minute
Timp de gătit: 20 de minute
Porții: 6
Nivel de dificultate: Uşor

Ingrediente:

- 2 linguri ulei de masline extravirgin
- 2 catei de usturoi, tocati
- 1 conserve de roşii
- 2 cani de ceapa tocata
- ¾ lingurita boia afumata
- un borcan (12 uncii) de ardei roşii prăjiți
- 1/3 cană vin roșu uscat
- ¼ linguriță cuşer sau sare de mare
- ¼ lingurita piper negru
- 1 cană de măsline negre
- 1 ½ kg file de cod, tăiate în bucăți de 1 inch
- 3 cani de ciuperci feliate

Directii:

Luați o oală de dimensiuni medii, încălziți uleiul la foc mediu. Adăugați ceapa și prăjiți timp de 4 minute. Se adauga usturoiul si boia afumata; gătiți timp de 1 minut, amestecând des. Adăugați roşiile cu suc, ardeii prăjiți, măslinele, vinul, sare și piper; amestecați uşor. Se fierbe amestecul. Se adauga codul si ciupercile;

reduceți căldura la mediu. Închideți și gătiți până când codul se fulge ușor, amestecând între ele. Serviți cald.

Nutriție (pentru 100g): 238 de calorii 7 g grăsimi 15 g carbohidrați 3,5 g proteine 772 mg sodiu

Pește-spadă condimentat

Timp de preparare: 10 minute
Timp de gătit: 15 minute
Porții: 4
Nivel de dificultate: Mediu

Ingrediente:

- 4 (7 uncii fiecare) fripturi de pește-spadă
- 1/2 lingurita piper negru macinat
- 12 catei de usturoi, curatati de coaja
- 3/4 lingurita sare
- 1 1/2 linguriță chimen măcinat
- 1 lingurita boia
- 1 lingurita coriandru
- 3 linguri de suc de lamaie
- 1/3 cană ulei de măsline

Directii:

Luați un blender sau un robot de bucătărie, deschideți capacul și adăugați toate ingredientele, cu excepția peștelui-spadă. Închideți capacul și amestecați până la omogenizare. Pat fripturi de pește uscate; acoperiți uniform cu amestecul de condimente pregătit.

Se pune pe folie de aluminiu, se acopera si se da la frigider pentru 1 ora. Preîncălziți o tigaie pentru grătar la foc mare, turnați ulei în ea și încălziți-o. Adăugați fripturi de pește; Se prăjește timp de 5-6 minute pe fiecare parte până când sunt fierte și se rumenesc uniform. Serviți cald.

Nutriție (pentru 100g): 255 de calorii 12 g grăsimi 4 g carbohidrați 0,5 g proteine 990 mg sodiu

Pasta Mania Anchoy

Timp de preparare: 10 minute
Timp de gătit: 20 de minute
Porții: 4
Nivel de dificultate: Ușor

Ingrediente:

- 4 fileuri de hamsii, invelite in ulei de masline
- ½ kilogram de broccoli, tăiat în buchete de 1 inch
- 2 catei de usturoi, taiati felii
- Penne din grâu integral de 1 kilogram
- 2 linguri de ulei de măsline
- ¼ cană parmezan, ras
- Sare si piper negru, dupa gust
- Fulgi de ardei roșu, după gust

Directii:

Gătiți pastele conform instrucțiunilor de pe ambalaj; se scurge si se da deoparte. Luați o cratiță medie sau o tigaie, adăugați ulei. Se încălzește la foc mediu. Adăugați anșoa, broccoli și usturoiul și prăjiți până când legumele sunt moi, 4-5 minute. ia căldură; se amestecă în pastele. Se serveste cald cu parmezan, fulgi de ardei rosu, sare si piper negru presarati deasupra.

Nutriție (pentru 100g): 328 de calorii 8 g grăsimi 35 g carbohidrați 7 g proteine 834 mg sodiu

Pastă de creveți usturoi

Timp de preparare: 10 minute
Timp de gătit: 15 minute
Porții: 4
Nivel de dificultate: Ușor

Ingrediente:

- 1 kilogram de creveți, decojiți și devenați
- 3 catei de usturoi, tocati
- 1 ceapa, tocata marunt
- 1 pachet paste integrale de grau sau fasole la alegere
- 4 linguri de ulei de măsline
- Sare si piper negru, dupa gust
- ¼ cană busuioc, tăiat fâșii
- ¾ cană bulion de pui, cu conținut scăzut de sodiu

Directii:

Gătiți pastele conform instrucțiunilor de pe ambalaj; clătiți și lăsați deoparte. Luați o tigaie de dimensiune medie, adăugați ulei și încălziți la foc mediu. Adăugați ceapa, usturoiul și prăjiți până când devine translucid și parfumat timp de 3 minute.

Adăugați creveții, piper negru (măcinat) și sare; se prăjește 3 minute până când creveții devin opace. Adăugați bulionul și fierbeți încă 2-3 minute. Adăugați pastele în bolurile de servire; adăugați amestecul de creveți; se serveste fierbinte cu busuioc deasupra.

Nutriție (pentru 100g): 605 calorii 17 g grăsimi 53 g carbohidrați 19 g proteine 723 mg sodiu

Oțet Miere Somon

Timp de preparare: 10 minute
Timp de gătit: 5 minute
Porții: 4
Nivel de dificultate: Ușor

Ingrediente:

- 4 fileuri de somon (8 uncii).
- 1/2 cană oțet balsamic
- 1 lingura de miere
- Piper negru și sare după gust
- 1 lingura de ulei de masline

Directii:

Combinați mierea și oțetul. Se amestecă pentru a se amesteca bine.

Se condimentează fileurile de pește cu piper negru (măcinat) și sarea de mare; ungeți cu glazură de miere. Luați o cratiță medie sau o tigaie, adăugați ulei. Se încălzește la foc mediu. Se adaugă fileuri de somon și se prăjesc până când sunt medii rare în centru și se rumenesc ușor timp de 3-4 minute pe fiecare parte. Serviți cald.

Nutriție (pentru 100g): 481 de calorii 16 g grăsimi 24 g carbohidrați 1,5 g proteine 673 mg sodiu

Făină de pește de portocale

Timp de preparare: 10 minute
Timp de gătit: 5 minute
Porții: 4
Nivel de dificultate: Ușor

Ingrediente:

- ¼ linguriță cușer sau sare de mare
- 1 lingura ulei de masline extravirgin
- 1 lingura suc de portocale
- 4 fileuri de tilapia (4 uncii), cu sau fără piele
- ¼ cana ceapa rosie tocata
- 1 avocado, fără sâmburi, decojit și feliat

Directii:

Luați o tavă de copt de 9 inci; adauga ulei de masline, suc de portocale si sare. Combinați bine. Adăugați fileuri de pește și acoperiți bine. Adăugați ceapa peste fileurile de pește. Acoperiți cu o folie de plastic. Puneți la microunde timp de 3 minute până când peștele este gătit bine și se fulge ușor. Se serveste fierbinte cu felii de avocado deasupra.

Nutriție (pentru 100g): 231 de calorii 9 g grăsimi 8 g carbohidrați 2,5 g proteine 536 mg proteine

Zoodles de creveți

Timp de preparare: 10 minute
Timp de gătit: 5 minute
Porții: 2
Nivel de dificultate: Uşor

Ingrediente:

- 2 linguri patrunjel tocat
- 2 lingurite de usuroi tocat
- 1 lingurita de sare
- ½ linguriță de piper negru
- 2 dovlecei medii, spiralați
- 3/4 kg de creveți medii, decojiți și devenați
- 1 lingura de ulei de masline
- 1 lămâie, storsă și rasă

Directii:

Luați o cratiță medie sau o tigaie, adăugați ulei, suc de lămâie, coaja de lămâie. Se încălzește la foc mediu. Adăugați creveții și prăjiți 1 minut pe parte. Se călesc usturoiul și fulgii de ardei roșu încă 1 minut. Adăugați Zoodles și amestecați ușor; gătiți timp de 3 minute până se înmoaie. Se condimenteaza bine, se serveste fierbinte cu patrunjel deasupra.

Nutriție (pentru 100g): 329 de calorii 12 g grăsimi 11 g carbohidrați 3 g proteine 734 mg sodiu

Sparanghel Pastrav

Timp de preparare: 10 minute
Timp de gătit: 20 de minute
Porții: 4
Nivel de dificultate: Ușor

Ingrediente:

- 2 kg file de păstrăv
- 1 kilogram de sparanghel
- Sare si piper alb macinat, dupa gust
- 1 lingura de ulei de masline
- 1 cățel de usturoi, tocat
- 1 ceapă primăvară, feliată subțire (partea verde și albă)
- 4 cartofi maro auriu mediu, feliați subțiri
- 2 roșii rom, tocate
- 8 măsline kalamata fără sâmburi, tăiate mărunt
- 1 morcov mare, feliat subțire
- 2 linguri patrunjel uscat
- ¼ cană de chimen măcinat
- 2 linguri de boia
- Asezonați 1 lingură de supă de legume
- ½ cană de vin alb sec

Directii:

Intr-un bol de mixare adauga fileuri de peste, piper alb si sare. Se amestecă pentru a se amesteca bine. Luați o cratiță medie sau o tigaie, adăugați ulei. Se încălzește la foc mediu. Se adauga sparanghelul, cartofii, usturoiul, ceapa primavara si se caleste pana se inmoaie timp de 4-5 minute. Adăugați roșiile, morcovul și măslinele; se prăjește timp de 6-7 minute până se înmoaie. Adăugați chimen, boia de ardei, pătrunjel, bulion și sare. Se amestecă bine amestecul.

Amestecați vinul alb și fileurile de pește. La foc mic, acoperiți și lăsați amestecul să fiarbă aproximativ 6 minute până când peștele se fulge ușor, amestecând între ele. Se serveste fierbinte cu ceapa verde de primavara deasupra.

Nutriție (pentru 100g): 303 calorii 17 g grăsimi 37 g carbohidrați 6 g proteine 722 mg sodiu

Ton de măsline de varză

Timp de preparare: 10 minute

Timp de gătit: 15 minute

Porții: 6

Nivel de dificultate: Mediu

Ingrediente:

- 1 cană ceapă tocată
- 3 catei de usturoi, tocati
- 1 conserve (2,25 uncii) de măsline feliate, scurse
- 1 kilogram de varza kale, tocata
- 3 linguri ulei de masline extravirgin
- ¼ cană capere
- ¼ lingurita de ardei rosu macinat
- 2 lingurite de zahar
- 1 conserve (15 uncii) de fasole cannellini
- 2 conserve (6 uncii) de ton în ulei de măsline, nescurcate
- ¼ lingurita piper negru
- ¼ linguriță cușer sau sare de mare

Directii:

Înmuiați varza kale în apă clocotită timp de 2 minute; se scurge si se da deoparte. Luați o cratiță medie sau o oală de supă, încălziți uleiul la foc mediu. Adăugați ceapa și prăjiți până când devine translucid și moale. Se adaugă usturoiul și se prăjește timp de 1 minut până se parfumează.

Se adaugă măslinele, caperele și ardeiul roșu și se prăjesc timp de 1 minut. Se amestecă varza fiartă și zahărul. La foc mic, acoperiți și lăsați amestecul să fiarbă aproximativ 8-10 minute, amestecând între ele. Adăugați tonul, fasolea, sare și piper. Se amestecă bine și se servește fierbinte.

Nutriție (pentru 100g): 242 de calorii 11 g grăsimi 24 g carbohidrați 7 g proteine 682 mg sodiu

Creveți picanți rozmarin

Timp de preparare: 10 minute
Timp de gătit: 10 minute
Porții: 6
Nivel de dificultate: Ușor

Ingrediente:

- 1 portocală mare, rasă și curățată de coajă
- 3 catei de usturoi, tocati
- 1 ½ kilograme de creveți cruzi, scoici și cozile îndepărtate
- 3 linguri de ulei de măsline
- 1 lingura de cimbru tocat
- 1 lingura rozmarin tocat
- ¼ lingurita piper negru
- ¼ linguriță cușer sau sare de mare

Directii:

Luați o pungă de plastic cu fermoar, adăugați coaja de portocală, creveții, 2 linguri de ulei de măsline, usturoi, cimbru, rozmarin, sare și piper negru. Se agită bine și se lasă la marinat 5 minute.

Luați o cratiță medie sau o tigaie, adăugați 1 lingură de ulei de măsline. Se încălzește la foc mediu. Adăugați creveții și prăjiți timp de 2-3 minute pe fiecare parte până când devin roz și opac peste tot. Tăiați portocala în felii mici și adăugați-le într-un castron de servire. Adăugați creveții și amestecați bine. Serviți proaspăt.

Nutriție (pentru 100g): 187 calorii 7 g grăsimi 6 g carbohidrați 0,5 g proteine 673 mg sodiu

Somon sparanghel

Timp de preparare: 10 minute

Timp de gătit: 15 minute

Porții: 2

Nivel de dificultate: Ușor

Ingrediente:

- 8,8 uncii de sparanghel
- 2 fileuri mici de somon
- 1 ½ linguriță sare
- 1 lingurita de piper negru
- 1 lingura de ulei de masline
- 1 cană sos olandez, cu conținut scăzut de carbohidrați

Directii:

Se condimentează bine fileurile de somon. Luați o cratiță medie sau o tigaie, adăugați ulei. Se încălzește la foc mediu.

Adăugați fileuri de somon și prăjiți până când se prăjesc uniform și sunt fierte timp de 4-5 minute pe fiecare parte. Se adauga sparanghelul si se caleste inca 4-5 minute. Se serveste cald cu sos olandez deasupra.

Nutriție (pentru 100g): 565 calorii 7 g grăsimi 8 g carbohidrați 2,5 g proteine 559 mg sodiu

Salată de ton cu nuci

Timp de preparare: 10 minute
Timp de gătit: 0 minute
Porții: 4
Nivel de dificultate: Ușor

Ingrediente:

- 1 lingura tarhon tocat
- 1 tulpină de țelină, curățată și tăiată mărunt
- 1 șalotă medie, tocată
- 3 linguri de arpagic tocat
- 1 cutie de ton (garnit cu ulei de măsline) scurs și fulgi
- 1 lingurita mustar de Dijon
- 2-3 linguri de maioneza
- 1/4 lingurita de sare
- 1/8 lingurita piper
- 1/4 cană nuci de pin, prăjite

Directii:

Într-un castron mare de salată, adăugați ton, eșalotă, arpagic, tarhon și țelină. Se amestecă pentru a se amesteca bine. Intr-un bol de mixare adauga maioneza, mustar, sare si piper negru. Se amestecă pentru a se amesteca bine. Adăugați amestecul de maioneză în bolul de salată; se amestecă bine pentru a combina. Adăugați nucile de pin și amestecați din nou. Serviți proaspăt.

Nutriție (pentru 100g): 236 de calorii 14 g grăsimi 4 g carbohidrați 1 g proteine 593 mg sodiu

Supă cremoasă de creveți

Timp de preparare: 10 minute
Timp de gătit: 35 de minute
Porții: 6
Nivel de dificultate: Mediu

Ingrediente:

- 1 kilogram de creveți medii, decojiți și devenați
- 1 praz, atât partea albă cât și cea verde deschis, feliate
- 1 bulb mediu de fenicul, tocat fin
- 2 linguri de ulei de măsline
- 3 tulpini de telina, tocate marunt
- 1 cățel de usturoi, tocat
- Sare de mare si piper macinat dupa gust
- 4 căni de supă de legume sau de pui
- 1 lingura de seminte de fenicul
- 2 linguri de crema usoara
- Suc de 1 lămâie

Directii:

Luați o oală de gătit de dimensiuni medii sau un cuptor olandez, încălziți uleiul la foc mediu. Adăugați țelina, prazul și feniculul și prăjiți timp de aproximativ 15 minute, până când legumele sunt moi și rumenite. Adăugați usturoiul; se asezoneaza cu piper negru si sare de mare. Adăugați semințele de fenicul și amestecați.

Se toarnă bulion și se aduce la fierbere. Se fierbe amestecul la foc mic timp de aproximativ 20 de minute, amestecând între ele. Adăugați creveții și gătiți până când devin roz timp de 3 minute. Se amestecă smântâna și sucul de lămâie; se serveste fierbinte.

Nutriție (pentru 100g): 174 de calorii 5 g grăsimi 9,5 g carbohidrați 2 g proteine 539 mg sodiu

Somon Condimentat Cu Quinoa De Legume

Timp de preparare: 30 minute
Timp de gătit: 10 minute
Porții: 4
Nivel de dificultate: Greu

Ingrediente:

- 1 cană quinoa nefiertă
- 1 linguriță sare, tăiată la jumătate
- ¾ cană castraveți, semințele îndepărtate, tăiate cubulețe
- 1 cană de roșii cherry, tăiate la jumătate
- ¼ cana ceapa rosie, tocata marunt
- 4 frunze de busuioc proaspăt, feliate subțiri
- Zeste de lamaie
- ¼ lingurita piper negru
- 1 lingurita de chimen
- ½ linguriță de boia praf
- 4 fileuri de somon (5 oz).
- 8 felii de lămâie
- ¼ cană pătrunjel proaspăt, tocat

Directii:

Într-o cratiță medie, adăugați quinoa, 2 căni de apă și ½ linguriță de sare. Se încălzește până când apa dă în clocot și apoi se reduce temperatura până dă în clocot. Acoperiți tigaia și gătiți timp de 20 de minute sau atât timp cât indică pachetul cu quinoa. Opriți arzătorul de sub quinoa și lăsați-l să stea acoperit cel puțin încă 5 minute înainte de servire.

Chiar înainte de servire, adăugați ceapa, roșiile, castraveții, frunzele de busuioc și coaja de lămâie la quinoa și amestecați ușor cu o lingură. Între timp (în timp ce se gătește quinoa) pregătiți somonul. Setați cuptorul la grătar la mare și asigurați-vă că există un grătar în partea inferioară a cuptorului. Într-un castron mic, adăugați următoarele componente: piper negru, ½ linguriță sare, chimen și boia de ardei. Amestecați-le.

Așezați folie deasupra unei foi de copt din sticlă sau aluminiu, apoi pulverizați cu spray de gătit antiaderent. Puneți fileurile de somon pe folie. Frecați amestecul de condimente peste fiecare file (aproximativ ½ linguriță de amestec de condimente pe file). Adauga feliile de lamaie pe marginile tigaii cu somonul.

Gatiti somonul sub gratar timp de 8-10 minute. Scopul tău este ca somonul să se desprindă ușor cu o furculiță. Presărați somonul cu pătrunjel și serviți cu felii de lămâie și pătrunjel de legume. Să te bucuri!

Nutriție (pentru 100g): 385 de calorii 12,5 g grăsimi 32,5 g carbohidrați 35,5 g proteine 679 mg sodiu

Păstrăv Muștar Cu Mere

Timp de preparare: 15 minute
Timp de gătit: 55 de minute
Porții: 2
Nivel de dificultate: Greu

Ingrediente:

- 1 lingura ulei de masline
- 1 șalotă mică, tocată mărunt
- 2 Lady Mere, tăiate la jumătate
- 4 fileuri de păstrăv, câte 3 uncii fiecare
- 1 1/2 lingura de pesmet, simplu si fin
- 1/2 lingurita de cimbru, proaspat si tocat
- 1/2 lingura de unt, topit si nesarat
- 1/2 cană de cidru de mere
- 1 lingurita zahar brun deschis
- 1/2 linguriță muștar de Dijon
- 1/2 lingură capere, clătite
- Sare de mare si piper negru dupa gust

Directii:

Pregătiți cuptorul la 375 de grade, apoi scoateți un castron mic. Combinați pesmetul, eșalota și cimbru înainte de a condimenta cu sare și piper.

Adăugați untul și amestecați bine.

Așezați merele cu partea tăiată în sus într-o tavă de copt și stropiți cu zahăr. Stropiți cu pesmet, apoi turnați jumătate din cidru în jurul merelor, acoperind vasul. Se coace o jumătate de oră.

Descoperiți, apoi coaceți încă douăzeci de minute. Merele trebuie să fie moi, dar firimiturile trebuie să fie crocante. Scoateți merele din cuptor.

Porniți grătarul, apoi mutați suportul la patru centimetri distanță. Puneți-vă păstrăvul și asezonați cu sare și piper. Ungeți uleiul pe o foaie de copt și puneți pielea de păstrăv în sus. Ungeți uleiul rămas peste piele și prăjiți timp de șase minute. Repetați merele pe raft direct sub păstrăv. Acest lucru va împiedica firimiturile să ardă și durează doar două minute pentru a se încălzi.

Scoateți o cratiță și amestecați cidrul rămas, caperele și muștarul. Adăugați mai mult cidru dacă este necesar pentru a-l subție și gătiți la foc mediu timp de cinci minute. Ar trebui să aibă o consistență asemănătoare sosului. Puneti sucurile peste peste si serviti cu un mar pe fiecare farfurie.

Nutriție (pentru 100g): 366 calorii 13 g grăsimi 10 g carbohidrați 31 g proteine 559 mg sodiu

Gnocchi cu Creveți

Timp de preparare: 5 minute
Timp de gătit: 15 minute
Porții: 4
Nivel de dificultate: Greu

Ingrediente:

- 1/2 lb. Creveți, curățați și deveinați
- 1/4 cană eșalotă, feliată
- 1/2 lingura + 1 lingurita ulei de masline
- Gnocchi stabil la raft de 8 uncii
- 1/2 legatura de sparanghel, taiata in treimi
- 3 linguri de parmezan
- 1 lingura suc de lamaie, proaspat
- 1/3 cană supă de pui
- Sare de mare si piper negru dupa gust

Directii:

Începeți prin a încălzi o jumătate de lingură de ulei la foc mediu, apoi adăugați gnocchi. Gatiti amestecand des pana cand devin plinuti si aurii. Acest lucru durează șapte până la zece minute. Pune-le într-un castron.

Încingeți linguriţa rămasă de ulei cu eșalota, gătind până când încep să se rumenească. Asigurați-vă că amestecați, dar acest lucru va dura două minute. Amestecați bulionul înainte de a adăuga sparanghelul. Acoperiți și gătiți timp de trei până la patru minute.

Adaugati crevetii, asezonati cu sare si piper. Gătiți până când devine roz și fiert, ceea ce ar trebui să dureze aproximativ patru minute.

Puneți gnocchii în tigaia cu zeama de lămâie și fierbeți încă două minute. Se amestecă bine și apoi se ia de pe foc.

Se presară cu parmezan și se lasă să stea două minute. Brânza ta ar trebui să se topească. Serviți cald.

Nutriție (pentru 100g): 342 calorii 11 g grăsimi 9 g carbohidrați 38 g proteine 711 mg sodiu

Creveți Saganaki

Timp de preparare: 15 minute
Timp de gătit: 30 minute
Porții: 2
Nivel de dificultate: Mediu

Ingrediente:

- 1/2 lb. Creveți cu scoici
- 1 ceapa mica, tocata
- 1/2 cană de vin alb
- 1 lingură pătrunjel, proaspăt și tocat
- 8 uncii de roșii, conservate și tăiate cubulețe
- 3 linguri de ulei de măsline
- 4 uncii de brânză feta
- Sare in cuburi
- Dash piper negru
- 14 lingurițe de usturoi pudră

Directii:

Scoateți o cratiță și turnați aproximativ doi centimetri de apă în ea, aduceți-o la fiert. Se fierbe cinci minute apoi se scurge, rezervând lichidul. Lăsați deoparte atât creveții, cât și lichidul.

Încinge apoi două linguri de ulei și când s-a încălzit, se adaugă ceapa. Gatiti pana ce ceapa devine translucida. Se amestecă pătrunjelul, usturoiul, vinul, uleiul de măsline și roșiile. Se fierbe o jumătate de oră și se amestecă până se îngroașă.

Scoateți picioarele de pe creveți și scoateți cojile, capul și coada. Adăugați creveții și supa de creveți în sos după ce s-a îngroșat. Lasam sa fiarba cinci minute si apoi adaugam branza feta. Se lasă să stea până când brânza începe să se topească, apoi se servește fierbinte.

Nutriție (pentru 100g): 329 calorii 14 g grăsimi 10 g carbohidrați 31 g proteine 449 mg sodiu

Somon mediteranean

Timp de preparare: 10 minute
Timp de gătit: 20 de minute
Porții: 2
Nivel de dificultate: Ușor

Ingrediente:

- 2 fileuri de somon, fără piele și 6 uncii fiecare
- 1 cană roșii cherry
- 1 lingura Capere
- 1/4 cana dovlecel, tocat marunt
- 1/8 lingurita piper negru
- 1/8 linguriță de sare de mare, fină
- 1/2 lingura ulei de masline
- 1,25 uncii măsline coapte, feliate

Directii:

Pregătiți cuptorul la 425 de grade, apoi presărați sare și piper pe ambele părți ale peștelui. Puneți peștele într-un singur strat pe vasul de copt după ce ați acoperit vasul de copt cu spray de gătit.

Combinați roșiile și ingredientele rămase, turnați amestecul peste fileuri, apoi coaceți timp de douăzeci și două de minute. Serviți cald.

Nutriție (pentru 100g): 322 calorii 10 g grăsimi 15 g carbohidrați 31 g proteine 493 mg sifon

www.ingramcontent.com/pod-product-compliance
Lightning Source LLC
Chambersburg PA
CBHW070417120526
44590CB00014B/1436